相会在中国 *Meeting in China*

实用汉语口语课本
Practical Chinese: Speaking

第 一 册
Book One

主　编　邓恩明

副主编　李　宏　刘社会

编　者　(按音序排列)

陈若凡　邓恩明　李　宏

刘社会　吴春仙

北京语言大学出版社

（京）新登字 157 号

图书在版编目（CIP）数据

实用汉语口语课本 . 第 1 册/陈若凡等编著 .
– 北京：北京语言大学出版社，2005 重印
（相会在中国/邓恩明主编）
ISBN 7 – 5619 – 1199 – 8

Ⅰ . 实…
Ⅱ . 陈…
Ⅲ . 汉语 – 口语 – 对外汉语教学 – 教材
Ⅳ . H195.4

中国版本图书馆 CIP 数据核字（2003）第 026954 号

书　　　名：实用汉语口语课本 . 第 1 册
责任印制：汪学发

出版发行：北京语言大学出版社
社　　　址：北京市海淀区学院路 15 号　邮政编码 100083
网　　　址：http://www.blcup.com
电　　　话：发行部　82303648/3591/3651
　　　　　　编辑部　82303647
　　　　　　读者服务部　82303653/3592
印　　　刷：北京时事印刷厂
经　　　销：全国新华书店

版　　　次：2003 年 12 月第 1 版　2005 年 6 月第 2 次印刷
开　　　本：787 毫米 × 1092 毫米　1/16　印张：12.25
字　　　数：205 千字　印数：3001 – 6000
书　　　号：ISBN 7 – 5619 – 1199 – 8/H·03030
定　　　价：28.00 元

凡有印装质量问题本社负责调换，电话：82303590

说　　明

　　《相会在中国》是供外国人在其本国以外环境中学习汉语使用的教材。本套教材采用"组装式"。入门阶段横向有"入门课本""入门复练课本"和"汉字练习本"。这阶段的各课本均为 10 课,主要讲授汉语语音及最基本的汉字知识,进行初步简单交际训练。在入门阶段之上编写了初级阶段的口语、听力、读写三种平行课本(各 30 课),形成了同一阶段的横向组装和不同阶段的纵向组装。这套组装教材的长处有如下几点:

　　一、语料量大,可增加已知信息的输入量,有利于学生习得能力的发挥。横向组装的各课本的语言点和词语基本重合,生词的重合率在 70% 左右,而课文内容却迥然有别。这样可以保证在不同技能课本中,有大量已知信息的重现,学习者通过不同的课型,可以综合提高交际能力。

　　二、能抓住各语言要素和各项言语技能进行集中有效的训练。"口语课本"是本套教材的核心,学习者通过学习会话及成段课文,可以掌握汉语基本语法,从而提高会话能力。"听力课本"以功能项目为线索,组织对话体课文,集中培养学习者听汉语的能力,同时伴以说话能力的提高。"读写课本"从汉字结构入手,突出汉字部件教学,使学习者逐渐掌握部件组合汉字的规律,以认字、用字为基础,进行认读句、段的训练并逐步提高写作能力。这样,听、说、读、写四项技能既分项集中训练,又兼而发挥技能之间的关联和促进作用。

　　三、使用上具有灵活性。各种课本之间有着内在的联系,可以按不同技能进行教学,结合在一起又可达到综合教学的目的。因此在学校的教学中,可以依照不同阶段、不同课型使用全套教材。考虑到国外各地教学体制不同以及学习者的个性要求,不同技能的课本之间又各自保持相对的独立性,学习者可选用某一种课本循序渐进地学习。即便是"入门课本",也可单独使用,满足短期学习者(如到中国作短期旅游者)对汉语"浅尝辄止"的要求。

　　以上几点是我们编写之初对这套"组装式"教材的设想,也是我们在编写过程中始终追求的目标,敬请读者提出宝贵意见,以利于今后改进。

本套教材在成书过程中曾得到北京语言大学领导的关怀和专家们的指教，全书的英文翻译由何昕晖女士完成，熊文华教授审阅部分译稿，金惠宁女士参加了前期的部分工作，在此一并致谢。

编　者

Introduction

Meeting in China is a series of course books for foreigners who study Chinese outside their native countries. This series of books is composed of a horizontal organization and a vertical one. In the horizontal line of the beginning stage there are *An Elementary Course*, *An Elementary Workbook*, and *An Elementary Workbook on Chinese Characters*. Each of them consists of 10 lessons. They mainly deal with the phonetics of the Chinese language, basics of Chinese characters and the simple everyday communication drills. In the vertical line of the series there are three parallel textbooks of the spoken Chinese, Listening Comprehension, and Reading and Writing, which are of a higher level. (Each of them contains 30 lessons), thus forming the horizontal and vertical lines of the same and different stages. This series of teaching materials has the following advantages:

1. Large language corpora. The corpora add to the learners' input of given information, which is to the advantage of the demonstration of their acquired knowledge. The language focal points and the words and expressions are basically identical in the various textbooks. The coincidence rate of the vocabulary amounts to 70 percent, but the contents of the texts are diametrically different. Such an arrangement guarantees a high frequency of reoccurrence of the given information in the textbooks of different language skills, enabling the learners to improve their comprehensive communicative ability.

2. Efficient practice. The fundamental language elements and various language skills have been lumped together for intensive practice. The oral textbook is the core of the series. It is intended for the learners, through dialogues and texts, to understand the basic grammar and thereby upgrade their ability in oral communication. The listening textbook is based on the functional items of the language. Conversational texts are designed to train the learners' listening ability, and in part, to improve their speaking ability. The Reading and Writing textbook starts from the structure of Chinese characters, with its focus on the teaching of their parts. The learners are supposed to understand the rules of constructing the Chinese characters through the composition of parts. After the learners

can recognize and use words, they are prepared to read sentences and then paragraphs. Composition writing is also gradually introduced. In this way, the skills of listening, speaking, reading and writing are independently practiced and they interact to improve each other.

3. Flexibility. Each of the texts can be taught independently on the basis of the related language skills, and if combined, they can achieve the purpose of the comprehensive teaching. So this series can be used according to the different stages and types of texts. Considering the different foreign teaching systems and the individual requirements of the learners, the textbooks are, in a sense, independent of each other. The learners can select any of them and proceed step by step. Even the preliminary textbooks can be used independently, so that the short-term learners (like the travelers who make a short-term trip to China) can take the advantage of the books to satisfy their needs of obtaining a little knowledge about Chinese.

Mentioned above are our initial considerations for the assembled series of the textbooks and they are also the objectives we try to achieve in the course of compilation. The readers' suggestions for improvement will be appreciated.

We would like to express our heart-felt thanks to the leaders and experts of Beijing Language and Culture University for their instructions. Our thanks also go to He Xinhui, who did the translation; Prof. Xiong Wenhua, who checked and approved part of the translation; and Ms. Jin Huining, who took part in the early job.

Compilers

前　言

　　《相会在中国——实用汉语口语课本》共两册,每册 15 课,是入门课后的初级阶段口语课本,是本套教材的核心。本书的目的在于,通过会话及成段课文,使学习者掌握汉语基本语法,从而提高口语表达能力。

　　编写特点:

　　一、处理好知识教学与技能教学的关系

　　教学的基本目标是培养学生的交际能力。第二语言教学并不忽视知识教学,而是对知识教学的内容和方法有特殊的要求。教材中语言点的解释不能像理论语法那样介绍术语、阐述理论。传授知识的目的是指导实践,规范学生的言语行为。语言知识教学要与言语技能培养紧密结合。这些原则既体现在语言点的立项和注释中,也体现在练习的设立和要求上。

　　二、分层次讲授语法,重视词组层级的教学

　　本书的语法讲授分为三个层次:词语、词组、句型。教学过程依次为:词——词组——句子——语段。在语言点三个层面介绍中,我们特别重视"词组"这一层级。汉语的词组、句子在构造原则上是基本一致的,很多词组具有熟语性,应作为教学的重点。本教材的语法讲解中在词与句子之间设词组一项,介绍词组的内部结构、组合规则,各类词组的句法功能,通过练习,培养学习者使用常见词组的习惯。

　　三、坚持实用性与趣味性相结合

　　实用性是教学双方共同追求的目标,教材语料的选择应把实用性放在第一位。对教材语言的要求除规范、地道外,还应贴近当代生活,同时要做到生动有趣,有幽默感,能够引起学习者的学习兴趣。本书课文有固定人物,设计了一定的故事情节,提供了典型的交际环境。各课均有对话体和叙述体两段课文,利于学习者从单句入手过渡到成段表达,同时叙述体课文也便于背诵。

全书语法注释由刘社会编写,课文由李宏编写,练习由邓恩明、李宏编写,经编者集体讨论后,由主编邓恩明定稿。英文翻译:何昕晖。

编 者

Preface

Meeting in China—Practical Chinese: *Speaking*, consisting of two volumes with 15 lessons for each, is designed for elementary learners who have completed the preliminary courses. As the core of the series, it is intended for the learners, through dialogues and texts, to master the basic Chinese grammar, and thereby upgrade their ability in oral communication.

Features of the book:

1. Due considerations to the relationship between the learning of the knowledge of the language and the acquisition of language skills.

The basic goal of language teaching is to cultivate the communication skills of the students. This does not mean that the teaching of the knowledge of the language can be neglected in teaching a second language, but that special requirements are demanded for its contents and approaches. The technical terms and grammatical theories has been avoided in explaining the language focal points, since the purpose of imparting language knowledge is to guide the language use and standardize the speech of the students. The teaching of the language knowledge has been integrated with the training of the language skills. These principles are embodied not only in the selection and notes of the language focal points, but also in the designing and requirements of the exercises.

2. Clear gradation of the explanations of grammar and due attention to the teaching of phrases.

The grammatical points of this book are explained at three levels: words and expressions, phrases and sentence patterns. The teaching follows the procedure of words-phrases-sentences-texts, in which special emphasis is placed on the teaching of phrases. The fundamental rules of constructing phrases and sentences are basically the same. Priorities should be given to the teaching of many phrases as they are idiomatic expressions. A distinctive feature of the book is that the explanations of phrases are added between those of words and sentences in grammatical points to introduce the structures, construction rules and syntactic functions of various phrases so that the learners will form the habit of using the common phrases through practices.

3. Adherence to the integration of practicality and interest of the material.

Practicality is the common aim of the teacher and learners, so it is the first criteria for selecting language materials. The language of teaching materials must not only be standard and idiomatic, but also modern, interesting and humorous, which can arouse the interests of the learners. The texts, with the same characters in the carefully designed plots, offer the typical environment for communication. Included in each lesson are a dialogue, which smoothes the transition from simple sentences to passages, and a narrative text, which is easy to be recited.

The book is compiled with the joint efforts of the following members:

Notes on grammatical points: Liu Shehui;

Texts: Li Hong;

Exercises: Deng Enming and Li Hong;

Finalizing the manuscript: Deng Enming (managing editor);

English translation: He Xinhui.

Compilers

VIII

主要人物关系表
List of the Relationships of the Major Characters

李爱华：美籍华人，留学生，在北京语言大学学习汉语
Li Aihua: Chinese American studying Chinese at Beijing Language and Culture University

李志远：李爱华之叔，北京某大学教授
Li Zhiyuan: Uncle of Li Aihua, professor of the university of Beijing

李秋：李志远之女，北京语言大学学生
Li Qiu: Daughter of Li Zhiyuan, a student of Beijing Language and Culture University

李明：李志远之子，李秋之兄，医生
Li Ming: Son of Li Zhiyuan and brother of Li Qiu, a doctor

王思一：李明之妻，旅行社导游
Wang Siyi: Wife of Li Ming, a tour guide of a travel agency

小龙：李明、王思一之子，小学生
Xiao Long: Son of Li Ming and Wang Siyi, a pupil

张芳：李志远之妻
Zhang Fang: Wife of Li Zhiyuan

陈卉：李秋之好友，贸易公司职员
Chen Hui: Friend of Li Qiu, a staff member of a trade company

赵经理：陈卉所在贸易公司经理
Manager Zhao: Manager of the trade company where Chen Hui works

约翰：李爱华之好友，加拿大人，留学生
John: Friend of Li Aihua, a Canadian studying in China

目　录

CONTENTS

2

词组　Phrases

1．补充词组(1)　Complementary pharses (1)

2．状中词组和"地"　The adverbial + center-word phrases and "地"

句型　Sentence Patterns

1．带程度补语的句子　Sentences with a complement of degree

2．用"呢"的省略式疑问句　Elliptical questions with the modal particle "呢"

3．动词重叠　The reduplication of verbs

4．"一边……一边……"　The phrase "一边……一边……"

第一课　Lesson 1　这是约翰

生　词　New Words

1. 累　　　（形）　lèi　　　　　tired
2. 太　　　（副）　tài　　　　　too
3. 介绍　　（动）　jièshào　　　to introduce
4. 一下儿　　　　　yíxiàr　　　 *a phrase indicating the short duration of an action , etc .*
5. 小姐　　（名）　xiǎojie　　　miss
6. 大学生　（名）　dàxuéshēng　college student
7. 大学　　（名）　dàxué　　　　university
8. 学生　　（名）　xuésheng　　 student
9. 学校　　（名）　xuéxiào　　　school
10. 留学生（名）　liúxuéshēng　foreign student
11. 走　　　（动）　zǒu　　　　　to go
12. 老　　　（形）　lǎo　　　　　old
13. 孩子　　（名）　háizi　　　　child
14. 姐姐　　（名）　jiějie　　　　elder sister
15. 说　　　（动）　shuō　　　　　to say
16. 知道　　（动）　zhīdào　　　　to know
17. 回　　　（动）　huí　　　　　 to return
18. 家　　　（名）　jiā　　　　　 home
19. 爱人　　（名）　àiren　　　　 husband or wife

专　名　Proper Nouns

1. 约翰　　　　　Yuēhàn　　　　　John

2. 美国	Měiguó	U.S.A.
3. 加拿大	Jiānádà	Canada
4. 北京语言大学	Běijīng Yǔyán Dàxué	Beijing Language and Culture University
5. 张	Zhāng	*a surname*

词 组 Phrases

1. 累: 　　很累　　　　　不太累
2. 太: 　　太忙　　　　　太客气　　　　不太喜欢　　　不太舒服
3. 介绍: 　介绍一下儿　　介绍朋友　　　介绍他妹妹
4. 一下儿: 问一下儿　　　看一下儿　　　来一下儿　　　说一下儿
5. 回: 　　回家　　　　　回学校　　　　回国　　　　　回美国

课 文 Texts

课 文 一　Text 1

(在飞机场　At the airport)

李 爱华: 李秋, 你 好!
Lǐ Àihuá: Lǐ Qiū, nǐ hǎo!

李 秋: 你 好, 爱华! 你们
Lǐ Qiū: Nǐ hǎo, Àihuá! Nǐmen
　　　　累 吗?
　　　　lèi ma?

李 爱华: 不 太 累。我 介绍
Lǐ Àihuá: Bú tài lèi. Wǒ jièshào
　　　　一下儿, 这 是 约翰, 这 是 我 妹妹。
　　　　yíxiàr, zhè shì Yuēhàn, zhè shì wǒ mèimei.

李 秋: 你 好, 我 叫 李 秋。
Lǐ Qiū: Nǐ hǎo, wǒ jiào Lǐ Qiū.

· 2 ·

约翰： 你 好， 我 叫 约翰。
Yuēhàn: Nǐ hǎo, wǒ jiào Yuēhàn.

李 秋： 约翰　　 先生， 你 是 美国人 吗？
Lǐ Qiū: Yuēhàn xiānsheng, nǐ shì Měiguórén ma?

约翰： 我 不 是 美国人， 我 是 加拿大人。 李 小姐 是
Yuēhàn: Wǒ bú shì Měiguórén, wǒ shì Jiānádàrén. Lǐ xiǎojie shì

大学生　　　 吗？
dàxuéshēng ma?

李 秋： 是， 我 是 北京 语言 大学 的 学生。
Lǐ Qiū: Shì, wǒ shì Běijīng Yǔyán Dàxué de xuésheng.

约翰： 我 是 你们 学校 的 留学生。
Yuēhàn: Wǒ shì nǐmen xuéxiào de liúxuéshēng.

(张老师来接李爱华和约翰　Mr Zhang comes to meet Li Aihua and John)

李 秋： 这 是 我们 学校 的 老师。
Lǐ Qiū: Zhè shì wǒmen xuéxiào de lǎoshī.

李 爱华： 您 好， 我 是 李 爱华， 他 是 约翰。
Lǐ Àihuá: Nín hǎo, wǒ shì Lǐ Àihuá, tā shì Yuēhàn.

张 老师： 你们 好， 我 姓 张。
Zhāng lǎoshī: Nǐmen hǎo, wǒ xìng Zhāng.

李 爱华： 谢谢 您， 张 老师。
Lǐ Àihuá: Xièxie nín, Zhāng lǎoshī.

张 老师： 不 客气①， 我们 走 吧。
Zhāng lǎoshī: Bú kèqi, wǒmen zǒu ba.

课文二　Text 2

老 张 问 老 王："我 爸爸 妈妈 的 孩子，不 是
Lǎo Zhāng wèn Lǎo Wáng: "Wǒ bàba māma de háizi, bú shì

我 哥哥，也 不 是 我 弟弟， 不 是 我 姐姐，也 不 是 我
wǒ gēge, yě bú shì wǒ dìdi, bú shì wǒ jiějie, yě bú shì wǒ

妹妹，　这是谁?"老　王
mèimei, zhè shì shuí?" Lǎo Wáng
说：　"我　不　知道。"　老
shuō："Wǒ bù zhīdào." Lǎo
张　说："这是我。"老
Zhāng shuō："Zhè shì wǒ." Lǎo
王　回家问他爱人："我
Wáng huí jiā wèn tā àiren："Wǒ
爸爸　妈妈　的孩子，不是我
bàba māma de háizi, bú shì wǒ

哥哥，也不是我弟弟，不是我姐姐，也不是我　妹妹，
gēge, yě bú shì wǒ dìdi, bú shì wǒ jiějie, yě bú shì wǒ mèimei,
这是谁?"他爱人说："我不知道。"老王说：
zhè shì shuí?" Tā àiren shuō："Wǒ bù zhīdào." Lǎo Wáng shuō：
"是我朋友老张。"
"Shì wǒ péngyou Lǎo Zhāng."

注　释　Note

① 不客气：礼貌用语，用来回答别人的感谢。

不客气, a polite expression meaning "you're welcome", is used in response to others' thanks.

语　法　Grammar

汉语的词序　The word order of a Chinese sentence

　　汉语语法的最大特点是没有人称、时态、性、数、格等形态变化。词序是一种非常重要的语法手段。汉语词序一般都是主语在前，谓语在后。例如：

　　The most prominent characteristic of the Chinese grammar is that it has no morphological change for person, tense, gender, number and case. The word order is a very important grammatical means in the language. In a Chinese sentence, the subject usually comes before the predicate. For example:

主　语	谓　语
约翰	是加拿大人。
他	学习汉语。
我们	很忙。

词　语　Words and Expressions

1."动 + 一下儿" "verb + 一下儿"

"我介绍一下儿"是给别人作介绍时的常用语。"一下儿"在动词后表示做一次或试着做。如"问一下儿""看一下儿"等。

"我介绍一下儿" is a common expression used for introduction. "一下儿" after a verb means to have a try, e.g. "问一下儿" "看一下儿", etc.

2.语气助词"吧"　The auxiliary word "吧"

"我们走吧"中的"吧"使表示建议或催促的语气比较委婉和缓。

"吧" in "我们走吧" softens the tone of a suggestion or urge.

词　组　Phrases

1.定中词组和"的"(1)　The attributive + center-word phrases and "的"(1)

定中词组的中心语一般是名词。定语在中心语前,修饰、限制或描写中心语。定语和中心语之间常用结构助词"的",构成"定 + '的' + 中"的形式。定中词组属名词性,在句子中主要充当主语和宾语。

The center word (word being qualified) in an attributive + center-word phrase is usually a noun. The attributive precedes the center word to modify, restrict or describe it. The attributive and the center word are usually linked with the structural particle "的", forming the pattern of "attributive + '的' + noun". Such a nominal phrase mainly acts as the subject or object in a sentence.

（1）定语表示领属关系,定语跟中心语之间要加"的",例如"爸爸的咖啡""我的词典"。

An attributive is used to express possession. It must take "的" after it and before the center word，e.g.“爸爸的咖啡”“我的词典”.

（2）人称代词作定语，如中心语是表示亲属称谓或是表集体、单位的名词，通常不用"的"。例如"我妹妹""我们学校"。

When a personal pronoun acts as an attributive，it is usually used without "的" if the center word is a noun denoting a family relationship or a unit of which the speaker is a member，e.g. "我妹妹" "我们学校".

2．动宾词组（1） The verb-object phrases（1）

宾语在动词后，构成"动＋宾"的形式。动宾词组属动词性，在句中主要充当谓语。例如"是加拿大人""叫李秋""姓张"。

An object and the predicate verb preceding it form the pattern of "verb + object". Such a verbal phrase mainly functions as the predicate in a sentence，e.g. "是加拿大人" "叫李秋" "姓张".

句　型　Sentence Patterns

1．"是"字句（1） "是" sentences（1）

动词"是"的基本语意表示判断或说明。在句中，如不特别强调，"是"一般轻读。句型是：

The verb "是" basically indicates a judgement or explanation. In a sentence，"是" usually takes a light tone unless it is emphasized. The sentence pattern is：

主　语	谓　语		
	"不"	动	宾　语
约翰		是	加拿大人。
他		是	留学生。
张先生	不	是	我们的汉语老师。

在动词"是"前加上副词"不"就构成"是"字句的否定形式。
The "是" sentence is negated by adding the adverb "不" before the verb "是".

2．形容词谓语句 Sentences with an adjective predicate

汉语中，形容词可以直接作谓语，句中不需要加动词"是"。如：

In Chinese，an adjective can function directly as the predicate without the verb "是". For example：

主　语	谓　语	
	状语	形容词
你		好。
他	很	累。
哥哥	不	忙。

形容词前加上副词"不"就构成形容词谓语句的否定形式。

Such sentences are negated by adding the adverb "不" before the adjective.

3．用"吗"的是非问句　Yes/No questions with "吗"

在陈述句的末尾加上表示疑问语气的助词"吗"，就构成了是非问句。句型是：

A yes/no question is made by adding the interrogative particle "吗"at the end of a declarative sentence. The sentence pattern is：

陈　述　句		"吗?"
主　语	谓　语	
陈小姐	是大夫	吗?
你哥哥	忙	吗?
约翰	是美国人	吗?

练 习 Exercises

一、按照例子用所给的词组成词组(注意结构助词"的")：

Make up phrases with the given words after the examples〔pay attention to the structural particle "的"〕：

1．例　Example：约翰(哥哥)→约翰的哥哥

他(咖啡)→他的咖啡

李爱华(妹妹)　张老师(学生)　王先生(爱人)　李秋(朋友)

姐姐(面包)　　孩子(学校)　　留学生(词典)　谢小姐(家)

2．例　Example：他们(学校)→他们学校

你(姐姐)→你姐姐

我（哥哥）　　　他们（医院）　　　您（爱人）

她（爸爸）　　　你（叔叔）　　　我（伯父）

二、替换练习　Substitution drills：

1. 他伯母在学校工作。　　　　　　2. 王先生不忙。

  医院   累

  邮局   舒服

  商店   老

  外国

三、用括号中的词完成句子　Fill in the blanks with the words in the brackets：

1. _____老师姓张。（李爱华）

2. _____妈妈是大夫。（她）

3. 约翰是李爱华_____。（朋友）

4. 他们_____叫张文。（老师）

5. 这是哥哥_____。（词典）

6. 李爱华的妹妹是_____学生。（北京语言大学）

7. 那是_____学校。（他们）

8. 我_____喜欢喝咖啡。（伯父）

9. 约翰是北京语言大学_____。（留学生）

10. 他_____在医院。（爱人）

四、将下列陈述句改成用"吗"的问句：

Turn the following declarative sentences into the questions with "吗"：

1. 他是语言大学的留学生。

2. 我们老师姓王。

3. 老李说汉语。

4. 约翰不是美国人。

5. 我爱人回家。

6. 他不去学校。

7. 你们走吧。

8. 王小姐不知道。

9. 张老师不太累。

10. 她是老王的爱人。

五、根据课文一的内容选择正确答案：

Choose the right answer to each of the following questions according to Text 1:

1. 李爱华他们累吗？（　　）

   A. 李爱华他们很累　　　B. 李爱华很累,约翰不太累　　　C. 他们不太累

2. 约翰是谁？（　　）

   A. 约翰是李爱华的朋友　　　　B. 约翰是李秋的哥哥

   C. 约翰是李秋的老师

3. 李秋是李爱华的妹妹吗？（　　）

   A. 李秋不是李爱华的妹妹　　　B. 李秋是李爱华的姐姐

   C. 李秋是李爱华的妹妹

4. 约翰是哪国人？（　　）

   A. 约翰是美国人　　　　　B. 约翰不是加拿大人

   C. 约翰不是美国人,是加拿大人

5. 李秋是语言大学的学生吗？（　　）

   A. 李秋是语言大学的留学生　　B. 李秋是语言大学的学生

   C. 李秋是语言大学的老师

6. 李秋的老师姓张吗？（　　）

   A. 王先生是李秋的老师　　　B. 李秋的老师姓张

   C. 张先生不是李秋的老师

六、模仿课文一完成对话　**Complete the dialogue after Text 1:**

   A：你好！

   B：_____,你们_____?

   A：不太累。_____,这是约翰,这是我妹妹。

   B：你好,我_____。

   A：_____,我叫约翰。

   B：约翰先生,_____?

   A：我不是美国人,我是_____人。李小姐_____?

   B：是,_____。

   A：我是_____。

七、根据课文二的内容回答问题　**Answer the questions based on Text 2:**

　　1. 老张问谁？

　　2. 老张爸爸妈妈的孩子,是老张的哥哥、弟弟吗？

　　3. 老张爸爸妈妈的孩子,是老张的姐姐、妹妹吗？

　　4. 老王说,这是谁？

　　5. 老张说,这是谁？

　　6. 老王回家问谁？

　　7. 老王说,这是谁？

八、熟读课文二,用上所给词语复述课文:

Read Text 2 carefully and retell it with the given words:

老张　问　孩子　不是　哥哥　也　　弟弟　姐姐　妹妹　谁　说

知道　回　家　　爱人　爸爸　妈妈　朋友

九、用下列词语介绍一个人　**Introduce a person with the following words:**

　　1. 介绍一下儿　朋友　　叫　美国人　语言大学　留学生　老师　姓

　　2. 老师　　是　中国人　姓　在　工作　家　中国

第二课　Lesson 2　去你们商店怎么走

1. 商店	（名）	shāngdiàn	shop
2. 卖	（动）	mài	to sell
3. 工艺品	（名）	gōngyìpǐn	handiwork
4. 公共	（形）	gōnggòng	public
5. 地铁	（名）	dìtiě	subway
6. 到	（动）	dào	to arrive
7. 下	（动）	xià	to get off
8. 车	（名）	chē	vehicle
9. 找	（动）	zhǎo	to look for
10. 工艺品部	（名）	gōngyìpǐnbù	handiwork department
部	（名、量）	bù	department；*a measure word*
11. 古玩	（名）	gǔwán	curio
12. 招聘	（动）	zhāopìn	invite applications for a job
聘	（动）	pìn	to employ
13. 营业员	（名）	yíngyèyuán	shop assistant
14. 小	（形）	xiǎo	small, little
15. 和	（连）	hé	and
16. 应聘	（动）	yìngpìn	to accept an offer or invitation
17. 经理	（名）	jīnglǐ	manager
18. 拿	（动）	ná	to take
19. 自己	（代）	zìjǐ	oneself
20. 钥匙	（名）	yàoshi	key
21. 链	（名）	liàn	chain
22. 回答	（动）	huídá	to answer

23. 对不起		duìbuqǐ	sorry
24. 项链	（名）	xiàngliàn	necklace
25. 明天	（名）	míngtiān	tomorrow
26. 上班		shàng bān	to start work

专　名　Proper Nouns

1. 北京	Běijīng	Beijing, *capital of China*
2. 建国门	Jiànguómén	*a street in Beijing*
3. 西直门	Xīzhímén	*a place in Beijing*
4. 刘	Liú	*a surname*
5. 西太后	Xītàihòu	Empress Dowager Cixi

词　组　Phrases

1. 在：　在商店　在建国门　在北京　在学校　在家
2. 卖：　卖工艺品　卖古玩　卖项链
3. 买：　买工艺品　买古玩　买项链　买钥匙链
4. 坐：　坐出租汽车　坐地铁　坐公共汽车
5. 找：　找经理　找营业员　找老师　找项链　找钥匙
6. 下车：在建国门下车　在北京下车　在西直门下车　在学校下车

课　文　Texts

课 文 一　Text 1

（李爱华打电话　Li Aihua makes a phone call）

李 爱华：　请问，　是 不 是 友谊　商店？
Lǐ Àihuá：　Qǐngwèn, shì bu shì Yǒuyì Shāngdiàn?

营业员： 是。您买 什么？
Yíngyèyuán：Shì. Nín mǎi shénme?

李 爱华： 你们 商店 卖
Lǐ Àihuá： Nǐmen shāngdiàn mài

不 卖 工艺品？
bu mài gōngyìpǐn?

营业员： 卖， 您来 吧。
Yíngyèyuán：Mài, nín lái ba.

李 爱华： 你们 商店 在 哪儿？
Lǐ Àihuá： Nǐmen shāngdiàn zài nǎr?

营业员： 在 建国门①。
Yíngyèyuán：Zài Jiànguómén.

李 爱华： 去 你们 商店 怎么 走？
Lǐ Àihuá： Qù nǐmen shāngdiàn zěnme zǒu?

营业员： 您 在 哪儿？
Yíngyèyuán：Nín zài nǎr?

李 爱华： 我 在 语言 大学，我 坐 公共 汽车 去。
Lǐ Àihuá： Wǒ zài Yǔyán Dàxué, wǒ zuò gōnggòng qìchē qù.

营业员： 您 在 西直门 换 地铁，到 建国门 下
Yíngyèyuán：Nín zài Xīzhímén huàn dìtiě , dào Jiànguómén xià

车。
chē.

李 爱华： 到 商店 我 找 谁？ 找 您 吗？
Lǐ Àihuá： Dào shāngdiàn wǒ zhǎo shuí? Zhǎo nín ma?

营业员： 不， 您 找 工艺品部。
Yíngyèyuán：Bù, nín zhǎo gōngyìpǐnbù.

李 爱华： 谢谢。
Lǐ Àihuá： Xièxie.

营业员： 不 客气，再见。
Yíngyèyuán：Bú kèqi, zàijiàn.

古玩　　商店　　招聘　　营业员，　小　张②、　小
Gǔwán shāngdiàn zhāopìn yíngyèyuán, Xiǎo Zhāng、Xiǎo

王　和　小　刘　来　应聘。经理 拿 自己 的　钥匙链　问　小
Wáng hé Xiǎo Liú lái yìngpìn. Jīnglǐ ná zìjǐ de yàoshiliàn wèn Xiǎo

张：　　"这　　是　　什么?"　　小
Zhāng: "Zhè shì shénme?" Xiǎo

张　　　回答：　　　"这　　是
Zhāng huídá: "Zhè shì

钥匙链。"　经理　说："对不起，
yàoshiliàn." Jīnglǐ shuō: "Duìbuqǐ,

你　走　吧。"　问　小　　王：
nǐ zǒu ba." Wèn Xiǎo Wáng:

"这　是　什么?"　小　　王回答："这　是　项链。" "是
"Zhè shì shénme?" Xiǎo Wáng huídá: "Zhè shì xiàngliàn." "Shì

谁　的　项链?"　"是　您　的 项链。"　　经理　说："你 走
shuí de xiàngliàn?" "Shì nín de xiàngliàn." Jīnglǐ shuō: "Nǐ zǒu

吧。"　问　小　刘，小　刘　回答："这　是　西太后③　的
ba." Wèn Xiǎo Liú, Xiǎo Liú huídá: "Zhè shì Xītàihòu de

项链。"　经理　说：　"好，我　聘 你，你 明天　来　上
xiàngliàn." Jīnglǐ shuō: "Hǎo, wǒ pìn nǐ, nǐ míngtiān lái shàng

班　吧。"
bān ba."

注　释　Notes

① 建国门：建国门大街是北京繁华的商业中心。

　　Jianguomen is a busy business center in Beijing.

② 老张、小张："老"和"小"放在姓氏前,用作对熟人的称呼,语气比直呼姓名亲切。用"小"称呼对方时,对方一般应是比自己岁数小的年轻人;用"老"称呼对方时,对方一般与自己同龄或比自己年龄大。

　　老张,小张："老" and "小" are put before a surname as an address for an acquaintance, which sounds more cordial than addressing him or her directly by his or her name. "小" is used to call a person younger than oneself, and "老" for someone of the same age or older.

③ 西太后：即慈禧太后(1835~1908),清朝咸丰皇帝的妃子。咸丰死后,她成为清朝末期四十多年的实际最高统治者。

　　西太后：Empress Dowager Cixi (1835~1908), concubine of Emperor Xianfeng of the Qing Dynasty. After Xianfeng died, she had been the supreme ruler de facto for more than forty years towards the end of the Qing Dynasty.

语　法　Grammar

词　语　Words and Expressions

连词"和"　The conjunction "和"

　　连词"和"多用来连接名词、代词或名词词组,如"老师和学生""我和弟弟"等。"和"不能连接分句,不说"我工作和他学习"。如果连接三项以上,"和"一般放在最后两项之间,如"小张、小王和小刘"。

　　The conjunction "和" is mostly used to connect nouns, pronouns or nominal phrases, e.g. "老师和学生""我和弟弟". "和" can not connect clauses, so we can not say "我工作和他学习". If it connects three or more items, "和" is usually placed between the last two items, e.g. "小张、小王和小刘".

词　组　Phrases

1. 介宾词组(1)　The preposition-object phrases (1)

"介词＋宾语"构成介宾词组,在句子中主要作状语。

A preposition-object phrase composed of a preposition and an object mainly functions as the adverbial in a sentence.

"介词'在'＋处所名词"构成介宾词组放在动词前,说明动作发生的地点。例如:

A preposition-object phrase composed of the structure of "preposition '在' + noun of locality" before the predicate verb indicates the place where the action takes place, e.g.

在学校工作

2. 状中词组(1)　The adverbial + center-word phrases (1)

中心语是动词或动词性词组,表示时间、地点、方式等的状语放在中心语的前边,构成"状＋动"的形式,属动词性,在句子中主要充当谓语。例如:

In such a phrase, the center word is a verb or verbal phrase; the adverbial which indicates time, place or manner is placed before the center word, thus forming the pattern of "adverbial + verb", a verbal phrase that functions mainly as the predicate in a sentence, e.g.

(1) 明天来(时间状语＋动　adverbial of time ＋ verb)
(2) 在北京学习汉语(地点状语＋动宾词组　adverbial of place ＋ verb-object phrase)
(3) 怎么走(方式状语＋动　adverbial of manner ＋ verb)

句　型　Sentence Patterns

1. 用疑问代词的疑问句　Questions with an interrogative pronoun

汉语用疑问代词提问,词序跟陈述句的词序是一致的。只要把疑问代词放在句中要问的疑问点上,就构成了疑问句。句型是:

In Chinese, a question with an interrogative pronoun has the same word order as that of a declarative sentence. Such a question is formed by substituting the interrogative pronoun for the word or phrase to be asked about in a declarative sentence. The sentence pattern is:

主　语	谓　语		
	状　语	动　词	宾　语
谁		是	张老师？
他们的老师		是	谁？
张先生		是	谁的汉语老师？
他们	怎么	去	商店？
他	在哪儿	学习	汉语？
李爱华	在北京	做	什么？
经理	什么时候	来	银行？

2．连动句　Sentences with serial verb phrases

连动句的谓语一般由两个动词或动词词组构成，成为"动₁＋动₂"的形式，表示同一主语的动作行为。句型是：

The predicate of such a sentence usually contains two verbs or verbal phrases in the form of "verb₁ + verb₂", indicating the actions of the same subject. The sentence pattern is：

主　语	谓　语	
	动₁	动₂
小刘	来	应聘。
李爱华	去友谊商店	买工艺品。
张先生	坐公共汽车	去学校。
他	明天来	上班。
你们	到建国门	下车。

练　习　Exercises

一、按例完成词组　Make up phrases after the example：

例　Example：学习汉语（北京）→在北京学习汉语

买工艺品（商店）　下车（建国门）　　看电影（电影院）

换地铁(西直门)　找大夫(医院)　换钱(银行)
买项链(商店)　找小张(学校)　上班(古玩商店)
找经理(商店)　找营业员(邮局)　打电话(李秋家)

二、替换练习　Substitution drills：

1. 他伯母在<u>学校</u>工作。

  医院

  邮局

  商店

  外国

2. 王小姐<u>晚上</u>来学校。

  下午

  明天

  明天晚上

  明天下午

3. 李爱华明天<u>去友谊商店</u>。

  来上班

  到北京

  去应聘

  去学校

4. 李秋坐<u>汽车</u>去<u>学校</u>。

  地铁　　　西直门

  公共汽车　医院

  出租汽车　故宫

  地铁　　　邮局

三、就下列画线词语提问：

Ask a question concerning the underlined words in each of the following sentences：

1. 他是小张。
 他是<u>小张</u>。

2. 李先生在北京学习汉语。
 李先生在北京学习<u>汉语</u>。

3. 营业员找经理。
 营业员找<u>经理</u>。

4. 明天他去古玩商店。
 明天他去<u>古玩商店</u>。

5. 伯父在家喝咖啡。
 伯父在<u>家</u>喝咖啡。

6. 约翰是加拿大人。
 约翰是<u>加拿大人</u>。

四、根据课文一的内容回答问题　　**Answer the questions based on Text 1:**

1. 李爱华买什么？

2. 友谊商店在哪儿？

3. 李爱华在哪儿？

4. 李爱华坐出租汽车去商店吗？

5. 他在西直门换什么车？

6. 他到哪儿下车？

7. 他到商店找谁？

五、模仿课文一完成对话　　**Complete the dialogue after Text 1:**

A：请问，_____？

B：是。您买什么？

A：你们商店_____？

B：卖，_____。

A：_____？

B：在建国门。

A：去你们商店_____？

B：您在哪儿？

A：我在语言大学，我坐_____。

B：您在西直门_____，到建国门_____。

A：到商店_____？找您吗？

B：不，_____。

六、根据课文二的内容回答问题　　**Answer the questions based on Text 2:**

1. 古玩商店招聘什么人？

2. 谁来应聘？

3. 经理怎么问小张？

4. 小张回答什么？

5. 小王说，那是什么？

6. 小刘说，那是谁的项链？

7. 谁明天来上班？

七、用下列词语复述课文二　**Retell Text 2 with the given words:**

招聘　应聘　经理　钥匙链　问小张　回答　对不起

项链　谁的　走吧　西太后　聘你　　上班

八、情景会话：打电话问银行在哪儿，用上下列词语：

Situation dialogue: Make a phone call to ask where the bank is, using the given words:

中国银行　在哪儿　怎么走　坐公共汽车　换地铁

下车　　　换钱

第三课　Lesson 3　你家有几口人

生　词　New Words

1.	口	（量）	kǒu	*measure word*
2.	大家	（代）	dàjiā	everybody; all
3.	互相	（副）	hùxiāng	each other
4.	名字	（名）	míngzi	name
5.	多	（形）	duō	many
6.	没有	（副）	méiyǒu	not, no
	没	（副）	méi	not, no
7.	认识	（动）	rènshi	to know
8.	女	（形）	nǚ	female
9.	非常	（副）	fēicháng	very
10.	漂亮	（形）	piàoliang	beautiful
11.	哪里	（代）	nǎlǐ	where
12.	噢	（叹）	ō	oh
13.	男	（形）	nán	male
14.	早上	（名）	zǎoshang	morning
15.	天	（名）	tiān	day
16.	冷	（形）	lěng	cold
17.	上	（名）	shàng	top
18.	少	（形）	shǎo	few, little
19.	对	（量）	duì	(*measure word*) couple
20.	夫妻	（名）	fūqī	husband and wife; couple
21.	汽车站	（名）	qìchēzhàn	bus stop
	站	（名、动）	zhàn	stop; to stand
22.	等	（动）	děng	to wait

23.	司机	（名）	sījī	driver
24.	停	（动）	tíng	to stop
25.	奇怪	（形）	qíguài	strange
26.	为什么		wèi shénme	why
27.	第	（头）	dì	*prefix indicating order*
28.	高兴	（形）	gāoxìng	happy
29.	想	（动）	xiǎng	to think
30.	告诉	（动）	gàosu	to tell
31.	父母	（名）	fùmǔ	parents
32.	爱	（动）	ài	to love

专 名 Proper Nouns

1.	上海	Shànghǎi	Shanghai, *a city in China*
2.	王府井	Wángfǔjǐng	*a street in Beijing*

词 组 Phrases

1. 口： 几口人 三口人
2. 互相： 互相认识 互相介绍 互相学习 互相问
3. 认识： 认识这个人 认识那位老师 认识他
4. 男： 男朋友 男老师 男学生 男经理
   男营业员 男司机
5. 女： 女朋友 女老师 女学生 女经理
   女营业员 女司机
6. 等： 等人 等朋友 等公共汽车 等车
7. 非常： 非常好 非常冷 非常漂亮 非常奇怪 非常高兴
   非常客气 非常舒服 非常累 非常多 非常少
8. 第： 第一个 第二位 第三杯 第四天

课 文 Texts

课 文 一　Text 1

（在李秋家　At Li Qiu's home）

李　秋：　我　介绍　一下儿，
Lǐ Qiū：　Wǒ jièshào yíxiàr,

　　　　　这 是 我 哥哥 李
　　　　　zhè shì wǒ gēge Lǐ

　　　　　爱华，这 是 我
　　　　　Àihuá, zhè shì wǒ

　　　　　朋友　陈　卉。
　　　　　péngyou Chén Huì.

李 爱华：　陈　小姐，你　好！
Lǐ Àihuà：　Chén xiǎojie, Nǐ hǎo!

陈　卉：　李　先生，你　好！
Chén Huì：　Lǐ xiānsheng, Nǐ hǎo!

李　秋：　大家　都 是　朋友，互相　叫　名字　吧。
Lǐ Qiū：　Dàjiā dōu shì péngyou, hùxiāng jiào míngzi ba.

李 爱华：　陈　卉，你 是　北京人　吗？
Lǐ Àihuá：　Chén Huì, nǐ shì Běijīngrén ma?

陈　卉：　不 是，我 是　上海人。
Chén Huì：　Bú shì, wǒ shì Shànghǎirén.

李 爱华：　北京 有 很 多　上海人　吗？
Lǐ Àihuá：　Běijīng yǒu hěn duō Shànghǎirén ma?

陈　卉：　有 很 多。
Chén Huì：　Yǒu hěn duō.

李 爱华：　你 家 有 几 口 人？
Lǐ Àihuá：　Nǐ jiā yǒu jǐ kǒu rén?

陈　　卉：有　四　口　人，有　爸爸、妈妈，还　有　一　个
Chén Huì：Yǒu sì kǒu rén, yǒu bàba、māma, hái yǒu yí ge
　　　　　弟弟。
　　　　　dìdi.

李爱华：他们　都　在　北京　吗？
Lǐ Àihuá：Tāmen dōu zài Běijīng ma?

陈　　卉：不，爸爸、妈妈　在　　上海，我　和　弟弟　两　个
Chén Huì：Bù, bàba、māma zài Shànghǎi, wǒ hé dìdi liǎng ge
　　　　　人　在　北京。爱华，你　有　没　有　弟弟？
　　　　　rén zài Běijīng. Àihuá, nǐ yǒu méi yǒu dìdi?

李爱华：我　没　有　弟弟。你　弟弟　是　　学生　　吗？
Lǐ Àihuá：Wǒ méi yǒu dìdi. Nǐ dìdi shì xuésheng ma?

陈　　卉：不　是，他　在　北京　　工作。你　认识　他　的　女
Chén Huì：Bú shì, tā zài Běijīng gōngzuò. Nǐ rènshi tā de nǚ
　　　　　朋友①。
　　　　　péngyou.

李爱华：是　吗？
Lǐ Àihuá：Shì ma?

陈　　卉：他　的　女　朋友　　非常　　漂亮。
Chén Huì：Tā de nǚ péngyou fēicháng piàoliang.

李秋：哪里，陈　卉　更　　漂亮。
Lǐ Qiū：Nǎli, Chén Huì gèng piàoliang.

李爱华：噢，是　李秋　啊。
Lǐ Àihuá：Ō, shì Lǐ Qiū a.

陈　　卉：是，我　弟弟　是　李秋　的　男　　朋友。
Chén Huì：Shì, wǒ dìdi shì Lǐ Qiū de nán péngyou.

课文二　Text 2

早上，　我　坐　公共　　汽车　去　王府井。天　很
Zǎoshang, wǒ zuò gōnggòng qìchē qù Wángfǔjǐng. Tiān hěn

冷， 车上 人 很 少。 一 对 老 夫妻 在 一个 汽车站
lěng, chēshang rén hěn shǎo. Yí duì lǎo fūqī zài yí ge qìchēzhàn

等 车。 汽车 到 站， 司机 不 停 车， 我 很 奇怪， 问
děng chē. Qìchē dào zhàn, sījī bù tíng chē, wǒ hěn qíguài, wèn

司机：“你 为 什么 不 停 车?” 司机 说：“他们 不 坐
sījī: "Nǐ wèi shénme bù tíng chē?" Sījī shuō: "Tāmen bú zuò

车。” 我 说：“你 怎么 知道?” 他 说：“他们 是 我
chē." Wǒ shuō: "Nǐ zěnme zhīdao?" Tā shuō: "Tāmen shì wǒ

爸爸、妈妈。 这 是 我 第 一 天 上 班， 他们 来 看
bàba、māma. Zhè shì wǒ dì yī tiān shàng bān, tāmen lái kàn

我。你 看， 他们 很 高兴 吧。”
wǒ. Nǐ kàn, tāmen hěn gāoxìng ba."

是 啊， 这 对 老 夫妻 很 高兴。 我 想， 这 告诉
Shì a, zhè duì lǎo fūqī hěn gāoxìng. Wǒ xiǎng, zhè gàosu

我们， 什么 是 父母 的 爱。
wǒmen, shénme shì fùmǔ de ài.

① 男朋友、女朋友:"男朋友"和"女朋友"是特指正在恋爱而还没结婚的男女双方。如陈卉的弟弟是李秋的男朋友。

男朋友、女朋友:The terms boyfriend and girlfriend specially refer to a man and woman who are in love with each other but have not yet married. For example, Chen Hui's brother is Li Qiu's boyfriend.

语 法 Grammar

词 语 Words and Expressions

1. 副词"还" The adverb "还"

(1)"还"表示数量增加、范围扩大,如"他有一个哥哥,还有一个弟弟"。

"还" indicates an increase in quantity or expansion of scope, e.g. "他有一个哥哥,还有一个弟弟".

(2)"还"表示动作或状态保持不变,有"仍然"的意思,如"我哥哥还没有女朋友"。

"还" indicates that an action or a state of affairs remains unchanged, meaning "仍然", e.g. "我哥哥还没有女朋友".

2. "二"和"两" "二" and "两"

"二"和"两"都表示"2"。在量词前一般用"两",不用"二",如"两瓶啤酒""两杯咖啡""两个孩子"等。但在十位数以后,如 12、20、22、32……中的"2",不管有无量词,都用"二"。如"二十二个留学生"。

Both "二" and "两" mean "2". "两" is used instead of "二" before a measure word, e.g. "两瓶啤酒", "两杯咖啡" and "两个孩子". But, in a two-digit number, e.g. "2" in 12, 20, 22, 32..., "二" is always used, e.g. "二十二个留学生".

3. 词头"第"　The prefix "第"

词头"第"加在整数的前边,用来表示序数,如"第一,第二,第三"。

The prefix "第" is used before an integer to indicate an ordinal number, e.g. "第一,第二,第三".

4. 副词"很"　The adverb "很"

在形容词谓语句的陈述句中,谓语形容词前若无其他表示程度的副词,一般要加上副词"很",但这里,"很"表程度的意义已经很弱,如"我很奇怪"与"我奇怪"在程度上没什么差别。

In a declarative sentence with an adjective predicate, if the predicate has no other adverb of degree before it, the adverb "很" is usually added. But here the meaning of "很" as a degree indicator is rather weak, e.g. "我很奇怪" and "我奇怪" have little difference in expressing a degree.

词　组　Phrases

1. 状中词组(2)　The adverbial + center-word phrases (2)

中心语是形容词,副词放在形容词前充当状语,构成"状 + 形"的形式。这种状中词组属形容词性。例如"很累""非常漂亮"。

Such a phrase consists of an adjective as the center word and an adverb functioning as the adverbial before it, which form the pattern of "adverbial + adjective". Such phrases are adjectival, e.g. "很累""非常漂亮".

2. 数量词组　Numeral-classifier phrases

数量词组由数词和量词构成,汉语数词与名词之间必须用跟名词相适应的量词。数量词组作定语时,不用"的",构成"数 + 量 + 名"的形式。例如"四口人""一个弟弟""一对老夫妻"。

A numeral-classifier phrase is composed of a numeral and a measure word. In Chinese, between a numeral and a noun there must be a measure word that fits for the noun. When a numeral-classifier phrase is used attributively, it takes the form of "numeral + measure word + noun" with "的" omitted, e.g. "四口人", "一个弟弟" and "一对老夫妻".

3. 定中词组和"的"(2)　The attributive + center-word phrases and "的" (2)

中心语是名词,定语是形容词。单音节形容词不用"的",如"女朋友";双音节形容词一般用"的",如"漂亮的小姐"。

In such a phrase, the center word is a noun and the attributive is an adjective. "的" is not used for monosyllabic adjectives, e.g. "女朋友"; however, it is usually used for disyllabic adjectives, e.g. "漂亮的小姐".

句 型 Sentence Patterns

1. "有"字句 "有" sentences

动词"有"作谓语的主要成分,在句中表示领有的意思。句型是:

The verb "有", the main element of the predicate, means to have or possess. The sentence pattern is:

主 语	谓 语		
	"没"	动词	宾 语
陈卉		有	一个弟弟。
他家		有	四口人。
我们	没	有	汉语词典。

其否定形式是在"有"前加上副词"没",而不是"不"。

It is negated by adding the adverb "没" instead of "不" before "有".

2. 正反疑问句 Affirmative-negative questions

谓语动词或形容词的肯定和否定形式并列起来就构成正反疑问句。其作用跟用"吗"的是非问句一样。句型是:

An affirmative-negative question is formed by juxtaposing the affirmative and negative forms of the verbal predicate or adjective. It has the same function as a yes-no question with "吗". The sentence pattern is:

主 语	谓 语	
	肯定形式	否定形式
你	去	不去?
李秋	是	不是大学生?
你妹妹	看	不看电影?
陈卉的弟弟	有	没有女朋友?
他的女朋友	漂亮	不漂亮?

3.用"……,是吗?"的问句　Questions with "……,是吗?"

提问时略带惊讶和意外的语气,有时要求对方作进一步的证实或说明。如:

Such questions carry the tone of slight surprise, and are sometimes used to call for further confirmation or explanation. For example:

(1) 那对老夫妻是这位司机的父母。

　　——是吗? 他们在汽车站做什么?

(2) 陈卉有一个弟弟,是吗?

　　——是,她有一个弟弟。

练　习　Exercises

一、用所给量词填空　Fill in the blanks with the given measure words:

个　对　口　杯　本　位　瓶

两＿＿可乐　一＿＿夫妻　三＿＿小姐　四＿＿啤酒

五＿＿人　六＿＿词典　七＿＿学生

二、把下列数字改成汉字　Change the following figures into Chinese characters:

2种词典　　2位先生　　2个孩子

2杯咖啡　　2瓶啤酒　　2口人

第2天　　　第2个　　　第2本

三、按照例句用所给词组完成句子:

Make sentences with the given phrases after the example:

例　Example:很客气→我们的老师很客气。

非常漂亮　　不太累　　很冷　　很高兴　　不太多　　非常少

四、替换练习　Substitution drills:

1. 王先生有一个叔叔。　　　　　　2. 小张有两瓶可乐。

　　　四　朋友　　　　　　　　　　　　个　面包

　　　三　学生　　　　　　　　　　　　本　词典

　　　一　哥哥　　　　　　　　　　　　杯　咖啡

　　　两　孩子　　　　　　　　　　　　瓶　啤酒

五、将下列带"吗"的问句改成正反问句：

Turn the following questions with "吗" into affirmative-negative questions：

1. 陈卉有哥哥吗？

2. 李爱华是老师吗？

3. 小王的爱人漂亮吗？

4. 约翰有汉语词典吗？

5. 公共汽车的司机累吗？

6. 晚上孩子们看电视(diànshì television)吗？

7. 明天你去商店吗？

8. 早上冷吗？

9. 公共汽车上人多吗？

10. 那个商店卖古玩吗？

六、熟读课文一，根据课文内容判断正误：

Read Text 1 carefully and decide whether the statements are right or wrong according to the text：

1. 陈卉是李秋的男朋友。 （　　）

2. 他们都是朋友，互相叫名字。 （　　）

3. 陈卉是上海人。 （　　）

4. 北京的上海人不太多。 （　　）

5. 陈卉家有四口人。 （　　）

6. 陈卉家有她爸爸、妈妈和她爱人。 （　　）

7. 陈卉的爸爸、妈妈在上海，她和弟弟两个人在北京。 （　　）

8. 李爱华没有弟弟，有一个妹妹。 （　　）

9. 陈卉的弟弟是大学生。 （　　）

10. 陈卉弟弟的女朋友是李秋。 （　　）

七、介绍陈卉家的人，要有如下内容：

Introduce Chen Hui's family, including the following information：

1. 陈卉家有几口人？

2. 她爸爸、妈妈在哪儿？

3. 谁在北京？

4. 她弟弟在哪儿工作？

5. 她弟弟有女朋友吗？

· 30 ·

八、根据课文二的内容回答问题 **Answer the questions based on Text 2:**

1. 早上他去哪儿?

2. 车上人多吗?

3. 谁在汽车站?

4. 他为什么奇怪?

5. 那对老夫妻是谁?

6. 他们来车站做什么?

7. 这对老夫妻爱他们的孩子吗?

九、熟读课文二,根据课文内容填空:

Read Text 2 carefully and fill in the blanks according to the text:

　　早上,我坐_____去王府井。天_____,车上人_____。一对老夫妻_____等车。汽车_____,司机_____,我很_____,问司机:"你为什么 _____?"司机说:"他们 _____。"我说:"你_____?"他说:"他们是_____,这是我_____上班,他们来_____。你看,他们_____?"是啊,_____很高兴。我想,这告诉我们,什么_____。

十、根据下列提示介绍一下儿你家的人:

Talk about your family using the following clues:

　　几口人　　是谁　　在哪儿工作(学习)

第四课　Lesson 4　我换钱

1. 用	（动）	yòng	to use
2. 美元	（名）	měiyuán	US dollar
3. 人民币	（名）	rénmínbì	Renminbi
4. 今天	（名）	jīntiān	today
5. 牌价	（名）	páijià	list price
6. 块	（量）	kuài	(*measure word*) yuan
7. 元	（量）	yuán	yuan (*a basic Chinese monetary unit*)
8. 毛	（量）	máo	mao (*same as jiao*)
9. 角	（量）	jiǎo	jiao (*Chinese monetary unit, equal to 10 fen*)
10. 分	（量）	fēn	fen (*the smallest Chinese monetary unit*)
11. 先	（副）	xiān	first
12. 填	（动）	tián	to fill
13. 张	（量）	zhāng	(*measure word*) sheet
14. 单子	（名）	dānzi	form, bill
15. 这样	（代）	zhèyàng	this
16. 写	（动）	xiě	to write
17. 行	（形）	xíng	all right
18. 给	（动、介）	gěi	to give; to, for
19. 千	（数）	qiān	thousand
20. 万	（数）	wàn	ten thousand
21. 零	（数）	líng	zero
22. 百	（数）	bǎi	hundred
23. 对	（形）	duì	correct

24. 常	（副）	cháng	often
25. 帮助	（动）	bāngzhù	to help
帮	（动）	bāng	to help
26. 乞丐	（名）	qǐgài	beggar
27. 问题	（名）	wèntí	question
28. 前年	（名）	qiánnián	the year before last
年	（名）	nián	year
29. 去年	（名）	qùnián	last year
30. 今年	（名）	jīnnián	this year
31. 只	（副）	zhǐ	only
32. 养活	（动）	yǎnghuo	to raise

专　名　Proper Noun

中国银行　　Zhōngguó Yínháng　　Bank of China

补充词　Supplemetary Words

1. 日元　　rìyuán　　Japanese yen
2. 欧元　　ōuyuán　　euro
3. 英镑　　yīngbàng　　pound sterling

词　组　Phrases

用：　用一下儿　　用一下儿词典　　用一下儿电话　　用一下儿车
　　　用钥匙开门　　用人民币买电视　　用人民币换美元
张：　两张单子　　四张票　　　　　五张电影票　　三张汽车票
帮助：帮助我　　　常常帮助朋友　　帮助学生　　　帮助孩子
　　　帮助一个乞丐　　　　　　　帮助一对老夫妻

问题： 有问题　　　　　有两个问题　　　问问题　　　问老师问题

问经理一个问题　　回答问题　　　回答他的问题

只：　　只给五十块钱　　　只学习汉语　　　只喝茶

只聘两个营业员　　只有一个孩子

课　文　Texts

课文一　Text 1

约翰：　　　银行　　在 哪儿？我 去 换 点儿 钱。
Yuēhàn：　　Yínháng zài nǎr? Wǒ qù huàn diǎnr qián.

李 爱华：　　在 商店　　旁边儿，我 也 去 换　钱，
Lǐ Àihuá：　Zài shāngdiàn pángbiānr, wǒ yě qù huàn qián,

我们　　一起 去 吧。
wǒmen yìqǐ qù ba.

（在银行　At the bank）

李 爱华：　　小姐，我 换　钱。
Lǐ Àihuá：　Xiǎojie, wǒ huàn qián.

营 业 员：　你 换　什么　钱？
Yíngyèyuán：Nǐ huàn shénme qián?

李 爱华：　　我 用 美元　换　人民币。今天　的 牌价 是
Lǐ Àihuá：　Wǒ yòng měiyuán huàn rénmínbì. Jīntiān de páijià shì

多少？
duōshao?

营 业 员：　一　美元　换　八 块 二 毛 六（分）人民币。
Yíngyèyuán：Yì měiyuán huàn bā kuài èr máo liù (fēn) rénmínbì.

请　先 填 一 张　单子。
Qǐng xiān tián yì zhāng dānzi.

李 爱华：　这样　写　行　吗？
Lǐ Àihuá：　Zhèyàng xiě xíng ma?

营业员：　行。
Yíngyèyuán：Xíng.

李 爱华：　给　你　美元，　这　是　两　千　美元。
Lǐ Àihuá：　Gěi nǐ měiyǎn, zhè shì liǎng qiān měiyuán.

营业员：　这　是　一万　六千　五百　二十　块　人民币。
Yíngyèyuán：Zhè shì yíwàn liùqiān wǔbǎi èrshí kuài rénmínbì.

李 爱华：　一百、二百、三百……　对，是　一万　六千　五百
Lǐ Àihuá：　Yìbǎi、èrbǎi、sānbǎi…… duì, shì yíwàn liùqiān wǔbǎi

　　　　　二十　块。
　　　　　èrshí kuài.

约翰：　小姐，　我　也　换　钱，　我　换　四百　美元。
Yuēhàn：　Xiǎojie, wǒ yě huàn qián, wǒ huàn sìbǎi měiyuán.

营业员：　好，　这　是　四百　美元，　给　您　三千　三百
Yíngyèyuán：Hǎo, zhè shì sìbǎi měiyuán, gěi nín sānqiān sānbǎi

　　　　　零　四　块　人民币。
　　　　　líng sì kuài rénmínbì.

课文二　Text 2

　　一个　人　常　帮助　一个　乞丐。一　天，乞丐　说：
　　Yí ge rén cháng bāngzhù yí ge qǐgài. Yì tiān, qǐgài shuō:

"谢谢　你　常常　帮助　我。我　有　一个　问题：
"Xièxie nǐ chángcháng bāngzhù wǒ. Wǒ yǒu yí ge wèntí:

前年，　你　给　我　一百　块　钱，去年，你　给　我　八十　块
Qiánnián, nǐ gěi wǒ yìbǎi kuài qián, qùnián, nǐ gěi wǒ bāshí kuài

钱，　今年，你　只　给　我　五十　块　钱，为　什么？"　这
qián, jīnnián, nǐ zhǐ gěi wǒ wǔshí kuài qián, wèi shénme?" Zhè

个 人 告诉 他："前年， 我
ge rén gàosu tā: "Qiánnián, wǒ
没 有 孩子， 去年 我 有 一
méi yǒu háizi, qùnián wǒ yǒu yí
个 孩子， 今年 我 有 两 个
ge háizi, jīnnián wǒ yǒu liǎng ge
孩子。" 乞丐 很 不 高兴，
háizi." Qǐgài hěn bù gāoxìng,
说： "噢， 你 用 我 的 钱
shuō: "Ō, nǐ yòng wǒ de qián

养活 你 的 孩子。"
yǎnghuo nǐ de háizi."

语 法 Grammar

词 语 Words and Expressions

1. 量词"点儿" The measure word "点儿"

量词"点儿"表示数量少。常跟数词"一"构成数量词组"一点儿",有时"一"可省略。如"换点儿钱""买点儿米"。

The measure word "点儿" indicates a small quantity. It often forms the numeral-classifier phrase "一点儿" with the numeral "一". Sometimes "一" may be omitted, e.g."换点儿钱""买点儿米".

2. "几"和"多少" "几" and "多少"

"几"和"多少"都是用来询问数目的。"几"用于问 10 以下的数目字,它与名词之间必须用量词,如"几口人""几本词典"。"多少"可用来提问任何数目,它与名词之间可省略量词,如"多少人"。

"几" and "多少" are both used to ask about numbers. "几" is used to ask a number under 10, and a measure word must be inserted between it and the noun it qualifies, e.g.,"几口人" and "几本词典"."多少" can be used for any number and the measure word can be omitted, e.g. "多少人".

3. 副词"常"和"常常"　Adverbs "常" and "常常"

副词"常"也可说"常常",否定形式一般是"不常"。

The adverb "常" can also be used as "常常". The negative form is usually "不常".

词　组　Phrases

带双宾语的动宾词组　Verb-object phrases with double objects

汉语中有一部分动词,如"给、问、告诉、回答"等都可以带两个宾语,构成"动＋宾₁＋宾₂"的形式,"宾₁"一般指人,是间接宾语;"宾₂"一般指事物,是直接宾语。例如"给他美元"("他"是间接宾语,"美元"是直接宾语)。

In Chinese, a number of verbs like "给","问","告诉","回答" can take two objects and form the pattern of "verb ＋ object₁ ＋ object₂", in which "object₁" that generally refers to a person is used as the indirect object; while "object₂" that refers to a thing is used as the direct object, e.g. "给他美元"("他" is the indirect object and "美元" is the direct object).

句　型　Sentence Patterns

1. 双宾语动词谓语句　Sentences with a predicate verb taking two objects

由带双宾语的动宾词组充当谓语。句型是:

In such a sentence, the predicate is a verb-object phrase taking two objects. The sentence pattern is:

主　语	谓　语		
	动	间接宾语	直接宾语
李爱华	给	他	美元。
他	给	乞丐	100 块钱。
我	问	您	一个问题。
朋友	告诉	我	他的电话号码。

· 37 ·

2．整数称数法　Numeration of integers

（1）100 以下的称数法　Numeration of the numbers under 100

一　二　三　四　五　六　七　八　九

十　十一　十二　十三　十四　十五　十六　十七　十八　十九

二十　二十一 ⋯⋯⋯⋯⋯⋯⋯⋯⋯⋯⋯⋯⋯⋯⋯⋯ 二十九

三十 ⋯⋯⋯⋯⋯⋯⋯⋯⋯⋯⋯⋯⋯⋯⋯⋯⋯⋯⋯⋯⋯⋯

⋯⋯⋯⋯⋯⋯⋯⋯⋯⋯⋯⋯⋯⋯⋯⋯⋯⋯⋯ 九十九

（2）100 以上的称数法　Numeration of the numbers above 100

101	读作	is read as	一百零一
121	读作	is read as	一百二十一
1001	读作	is read as	一千零一
1010	读作	is read as	一千零一十
9992	读作	is read as	九千九百九十二
10005	读作	is read as	一万零五(不读作十千零五)
123568	读作	is read as	十二万三千五百六十八

3．号码的读法　How to read numbers

（1）电话号码　Telephone numbers

写　法　Written form	读　法　Spoken form
82303573	bā èr sān líng sān wǔ qī sān
25183266	èr wǔ yāo bā sān èr liù liù
62317980	liù èr sān yāo qī jiǔ bā líng

（2）邮政编码　Postal codes

写　法　Written form	读　法　Spoken form
100083	yāo líng líng líng bā sān
477325	sì qī qī sān èr wǔ
253968	èr wǔ sān jiǔ liù bā

4．人民币表示法　How to read the Chinese currency

人民币是中国的货币。它的计算单位是"元、角、分"，口语通常说"块、毛、分"。人民币是十进位制：1 元(块) = 10 角(毛)；1 角(毛) = 10 分。例如：

The Chinese currency is known as Renminbi. Its computing units are "元"，"角"，

and "分". In colloquail language, however, we often say "块", "毛" and "分". Ren-minbi is calculated on the decimal system：1 元(块) = 10 角(毛)；1 角(毛) = 10 分．

For example：

2.65 元——两块六毛五(两元六角五分)

85.40 元——八十五块四(八十五元四角)

160.09 元——一百六十块零九分

16060 元—— 一万六千零六十块

处在最后一位的"毛"或"分"，口语通常省略不说。但如果中间有两位以上的"零"，最后的单位必须说。如"一百六十块零九分"。

The last unit "毛" or "分" is often dropped in speech. However, if there are more than two "零"(zero) in the middle, the last unit must be said. For example, "一百六十块零九分".

如果只有块、毛、分一个单位时，可在最后加一个"钱"字。例如：

If a sum contains only one unit like "块", "毛" or "分", the word "钱" can be added at the end, e.g.

4.00 元——四块钱

0.20 元——两毛钱

0.08 元——八分钱

练 习 Exercises

一、读下列词组 **Read the following phrases:**

2 对夫妻　　　　4 口人　　　　48 本中文词典

103 个大学生　　32 位大夫　　365 天

1001 个晚上　　30040 个人

二、按例说出下列人民币的钱数：

Say the following sums of money in Chinese after the example:

例 Example：3.24 元→三块两毛四(分)

1.30 元　0.50 元　0.04 元　　235 元

6.74 元　5.03 元　124.57 元　2.05 元　67842.97 元

三、用"几"或"多少"就下面的句子提问：

Ask questions about the following sentences using "几" or "多少":

1. 他家有四口人。

2. 我们学校有 2013 位老师。

3. 李爱华买 24 瓶啤酒。

4. 约翰喝一杯咖啡。

5. 公共汽车上有 30 个人。

6. 这个商店招聘四个营业员。

7. 李秋买两张电影票。

8. 五号楼住 70 个留学生。

9. 李爱华去银行换两千美元。

10. 早上我吃两个面包。

四、替换练习　**Substitution drills:**

1. 李秋给哥哥<u>一杯咖啡</u>。　　　　2. 李爱华问<u>老师</u>一个问题。

　　　　两个面包　　　　　　　　　　　　　经理

　　　　三瓶可乐　　　　　　　　　　　　　营业员

　　　　一张车票　　　　　　　　　　　　　司机

　　　　一张单子　　　　　　　　　　　　　大夫

3. 我告诉<u>小李</u>我的电话号码。

　　　老师

　　　王先生

　　　张小姐

　　　学生

五、根据课文一的内容判断正误：

Decide whether the statements are right or wrong based on Text 1:

1. 约翰去电影院。　　　　　　　　　　　　　　　（　　）

2. 银行在学校旁边。　　　　　　　　　　　　　　（　　）

3. 营业员请李爱华先填他的电话号码。　　　　　　（　　）

4. 李爱华换两千美元的人民币。　　　　　　　　　（　　）

5. 营业员给李爱华一万七千零六十块人民币。　　　（　　）

6. 约翰换五百美元　　　　　　　　　　　　　　　（　　）

六、根据课文一的内容,选择括号中恰当的词语回答问题:

Choose the appropriate answer in the bracket to each of the following questions according to Text 1:

1. 银行在哪儿?

   (医院旁边儿 电影院旁边儿 商店旁边儿)

2. 李爱华去银行做什么?

   (看朋友 换钱 找经理)

3. 李爱华换什么钱?

   (用人民币换美元 用美元换人民币 用日元换美元)

4. 今天的牌价是多少?

   (一美元换八块二毛六人民币 一美元换四块五毛二 一美元换五块人民币)

5. 李爱华换多少美元?

   (四百美元 两千美元 一万六千五百二十美元)

6. 营业员给约翰多少人民币?

   (一万六千五百二十块 三千三百零四块 三千四百零二块)

七、模仿课文一完成对话 **Complete the dialogue after Text 1:**

   A:小姐,_____。

   B:你换什么钱?

   A:_____ 。今天的牌价是多少?

   B:_____ 。请先填一张单子。

   A:_____ 吗?

   B:行。

   A:给你美元,这是_____。

   B:这是_____ 人民币。

八、根据课文二回答问题 **Answer the questions according to Text 2:**

   1. 一个人常常帮助谁?

   2. 前年他给乞丐多少钱?

   3. 去年他给乞丐多少钱?

4. 为什么今年只给五十元?

5. 乞丐高兴吗? 他说什么?

九、熟读课文二,用所给词语复述:

Read Text 2 several times and retell it with the given words:

常常　　帮助　　乞丐说　　还有一个问题　前年

给我一百块钱　　去年　　八十　　钱　今年　只

为什么　告诉　没有　　一个孩子　　两个　不高兴

用　　养活

十、情景会话:"去银行换钱"(今天的牌价是 1 美元换 8.42 元人民币)

Situational dialogue: Change money at the bank(Today's rate is US ＄1 to RMB 8.42 yuan.)

换什么钱　牌价是多少　换多少　填　单子　写

第五课　Lesson 5　我不吃辣的

生　词　New Words

1.	吃	（动）	chī	to eat
2.	辣	（形）	là	hot；spicy
3.	菜	（名）	cài	dish
4.	点	（动）	diǎn	to order
5.	甜	（形）	tián	sweet
6.	酸	（形）	suān	sour
7.	肉	（名）	ròu	meat
8.	牛	（名）	niú	cattle
9.	再	（副）	zài	again
10.	只	（量）	zhī	*measure word*
11.	烤鸭	（名）	kǎoyā	roast duck
	鸭	（名）	yā	duck
12.	青菜	（名）	qīngcài	green vegetables
13.	颜色	（名）	yánsè	colour
	色	（名）	sè	colour
14.	真	（副）	zhēn	really
15.	好看	（形）	hǎokàn	good-looking
16.	红	（形）	hóng	red
17.	绿	（形）	lǜ	green
18.	白	（形）	bái	white
19.	尝	（动）	cháng	to taste
20.	好吃	（形）	hǎochī	delicious
21.	饭馆儿	（名）	fànguǎnr	restaurant

· 43 ·

饭	（名）	fàn	meal
22. 不错	（形）	búcuò	not bad
23. 点心	（名）	diǎnxin	dessert
24. 大	（形）	dà	big
25. 咸	（形）	xián	salty
26. 苹果	（名）	píngguǒ	apple
27. 立刻	（副）	lìkè	at once
28. 当然	（副）	dāngrán	of course
29. 所以	（连）	suǒyǐ	so

词 组 Phrases

1. 吃： 　吃饭　　　吃菜　吃肉　　吃烤鸭　　吃点心　吃面包
2. 要： 　要钱　　　要美元　　　要项链　　要牛肉
　　　要一杯咖啡　要一瓶啤酒
3. 立刻： 立刻来　　　立刻去　　　立刻走　　立刻回答
　　　立刻停车　　立刻打电话
4. 当然： 当然知道　　当然喜欢　　当然认识　当然应聘
　　　当然吃烤鸭　当然去故宫

课 文 Texts

课 文 一 Text 1

（在饭馆儿 At a restaurant）

陈　卉：爱华，你吃 什么？
Chén Huì：Àihuá, nǐ chī shénme?

李 爱华：我 不 常 吃 中国菜，你 点 吧。
Lǐ Àihuá：Wǒ bù cháng chī Zhōngguócài, nǐ diǎn ba.

· 44 ·

陈　　卉：你 吃 不 吃 辣 的？
Chén Huì：Nǐ chī bu chī là de?

李 爱华：我 不 吃 辣 的。我
Lǐ Àihuá：Wǒ bù chī là de. Wǒ

　　　　　喜欢 吃 甜 的 和
　　　　　xǐhuan chī tián de hé

　　　　　酸 的。
　　　　　suān de.

陈　　卉：你 喜欢 吃 肉 吗？
Chén Huì：Nǐ xǐhuan chī ròu ma?

李 爱华：喜欢， 有 没 有 牛肉？
Lǐ Àihuá：Xǐhuan, yǒu méi yǒu niúròu?

陈　　卉：有， 要 一 个 牛肉。再 要 一 只 烤鸭①， 好 吗？
Chén Huì：Yǒu, yào yí ge niúròu. Zài yào yì zhī kǎoyā, hǎo ma?

李 爱华：好。 再 要 一 个 青菜 吧。
Lǐ Àihuá：Hǎo. Zài yào yí ge qīngcài ba.

＊　　＊　　＊　　＊　　＊

李 爱华：这 个 菜 的 颜色 真 好看， 红 的，绿 的，白
Lǐ Àihuá：Zhè ge cài de yánsè zhēn hǎokàn, hóng de, lǜ de, bái

　　　　　的……
　　　　　de……

陈　　卉：你 尝尝， 好吃 吗？
Chén Huì：Nǐ chángchang, hǎochī ma?

李 爱华：很 好吃。 这 个 饭馆儿 的 菜 都 不错。
Lǐ Àihuá：Hěn hǎochī. Zhè ge fànguǎnr de cài dōu búcuò.

陈　　卉：是 啊，我 常 来 这 个 饭馆儿 吃 饭。 我们
Chén Huì：Shì a, wǒ cháng lái zhè ge fànguǎnr chī fàn. Wǒmen

　　　　　要 一点儿 点心 吧。
　　　　　yào yìdiǎnr diǎnxin ba.

李 爱华：好。
Lǐ Àihuá：Hǎo.

李 爱华：这 两 种 点心 都 是 甜 的 吗？
Lǐ Àihuá: Zhè liǎng zhǒng diǎnxin dōu shì tián de ma?

陈 卉：不是，大 的 是 甜 的，小 的 是 咸 的。我
Chén Huì: Bú shì, dà de shì tián de, xiǎo de shì xián de. Wǒ

　　　喜欢 咸 的。
　　　xǐhuan xián de.

课 文 二　Text 2

妈妈 给 姐姐 和 弟弟 两 个 苹果，一 个 是 大 的，一
Māma gěi jiějie hé dìdi liǎng ge píngguǒ, yí ge shì dà de, yí

个 是 小 的。弟弟 立刻 去 拿
ge shì xiǎo de. Dìdi lìkè qù ná

大 的，妈妈 问："你 为
dà de, māma wèn: "Nǐ wèi

什么 拿 大 的？" 弟弟 问
shénme ná dà de?" Dìdi wèn

姐姐："你 先 拿，你 拿 哪 一
jiějie: "Nǐ xiān ná, nǐ ná nǎ yí

个？" 姐姐 说："当然 拿
ge?" Jiějie shuō: "Dāngrán ná

小 的。" 弟弟 说："我 也
xiǎo de." Dìdi shuō: "Wǒ yě

这样 想，所以 拿 大 的，给 姐姐 小 的。"
zhèyàng xiǎng, suǒyǐ ná dà de, gěi jiějie xiǎo de."

注 释　Note

① 北京烤鸭："北京烤鸭"是北京传统名菜。制作烤鸭，从鸭子的饲养到制作都有特殊的要求。北京烤鸭深受国内外人士的欢迎。

Beijing roast duck is a famous traditional dish of Beijing. To prepare a roast duck, special requirement is placed on every process from raising ducks to the final preparation. Beijing roast duck is very popular among people from home and abroad.

语 法 Grammar

词 语 Words and Expressions

1. 动词"要" The verb "要"

动词"要"表示希望得到。在饭馆儿或商店,服务人员常用"您要什么"来询问顾客,而顾客也常用"要……"作答,如"要一个面包""要一瓶啤酒"等。

The verb "要" expresses one's wish to get something. An assistant or attendant in a restaurant or shop often uses "您要什么" to ask what a customer wants, and the customer also replies with "要……", e.g. "要一个面包""要一瓶啤酒", etc.

2. 副词"再" The adverb "再"

"再"表示尚未实现的动作的重复。如"再要一个青菜"。

"再" indicates the repetition of an action which has not yet been realized, e.g. "再要一个青菜".

3. "尝尝"(动词重叠 Reduplication of a verb)

动词重叠具有尝试做该动作的意味,重叠部分读轻声。例如"你尝尝""你说说"。

Reduplication of a verb means to try out the action that the verb denotes. The reduplicated part takes a light tone, e.g. "你尝尝""你说说".

词 组 Phrases

1. "的"字词组 "的" phrases

形容词、名词、代词、动词等后面加上助词"的"就构成"的"字词组。"的"字词组是名词性的,例如"弟弟拿大的""这本词典是老师的""这杯茶是您的""有吃的,有喝的"。

A "的" phrase is formed by putting the structural particle "的" after an adjective, noun, pronoun or verb, which is substantive, e.g. "弟弟拿大的""这本词典是老师的""这杯茶是您的""有吃的,有喝的".

2. 定中词组和"的"(3) The attributive + center-word phrase and "的" (3)

指示代词作定语要加量词,修饰名词时不加"的",构成"指代 + 量 + 名"的形式,例如"这种点心""那只烤鸭"。

　　Demonstrative pronouns should be added with a measure word when used attributively. They can modify nouns without "的", and the pattern is "demonstrative pronoun + measure word + noun", e.g."这种点心""那只烤鸭".

句　型　Sentence Patterns

1."是"字句(2)　"是" sentences (2)

　　"的"字词组常作动词"是"的主语或宾语,构成判断句。句型是:

　　"的"phrases often function as the subject or object of the predicative verb "是". The sentence pattern is:

主　　语	谓　　语		
	状语	动	宾　　语
这种点心		是	甜的。
大的		是	你的。
那本汉语词典	不	是	张老师的。

2."也"和"都"的位置　The positions of "也" and "都"

　　副词"也"和"都"必须放在主语之后,谓语动词或形容词之前。句型是:

　　The adverbs "也" and "都" must be placed after the subject and before the predicate verb or adjective. The sentence pattern is:

主　　语	谓　　语		
	状语	动/形	宾　　语
李爱华	也	是	留学生。
他们	都	是	留学生。
弟弟	也	学习	汉语。
姐姐和弟弟	都	学习	汉语。
那个菜	也很	好吃。	
这两个菜	都很	好吃。	
我们	也都	坐	公共汽车。
李爱华和约翰	不都	是	美国人。
他们	都不	喝	啤酒。

（1）在句中，"都"所总括的是在它前面所出现的人或事物。

In a sentence，"都" includes the persons or things that appear before it.

（2）"也"和"都"在句中同时作状语时，"也"必须在"都"的前面。

When both words act as adverbials in a sentence，"也" must be put before "都".

（3）否定副词"不"放在"都"的前面或后面，所表达的意思是不同的。

The negative adverb "不" has different meanings when it precedes or follows "都".

3．用"……,好吗?"来提问　Asking questions with "……,好吗?"

"……,好吗?"是一种征询对方意见的表达方式。说话人先用陈述句说出带倾向性的意见，再用"好吗?"来提问，说话时略带商量的语气。句型是：

"……,好吗?" is a way to solicit the opinion of the person addressed. The speaker uses a declarative sentence to put forward a suggestion followed with the tag "好吗?" to form a question with a slight consulting tone. The sentence pattern is：

陈　述　句		"好吗?"
主　　语	谓　　语	
我们	下午去喝咖啡，	好吗?
你	在家等我，	好吗?

回答这种问句，肯定时常用"好啊""行"表示同意；否定一般用"不行"。

To answer such a question，we often use "好啊" or "行" to express consent；for a negative reply，"不行" is used.

练　习　Exercises

一、按照例子用所给的词语组成词组：

Make up phrases with the given words after each example：

1．用"的"组成词组　Make phrases with "的"

例　Example：大 → 大的

小　红　绿　白　你　我　他　我们　中国　学校
学生　王小姐　孩子　商店　经理　司机　今年

2．用"要"组成词组　Make phrases with "要"

例　Example：啤酒→要一瓶啤酒

咖啡　面包　茶　烤鸭

3．用"喜欢"组成词组　Make phrases with "喜欢"

例　Example：中国→喜欢中国

他　汽车　钱　学习　游泳　上班

吃苹果　看电视　坐地铁

二、替换练习　Substitution drills：

1．大的是甜的。
白
咸
他
小王
买

2．大的是甜的。
小
我
老张
红

3．再要一个青菜吧。
一个面包
一瓶啤酒
两杯咖啡
一个牛肉
三杯茶

4．你喜欢吃肉吗？
游泳
上班
喝咖啡
北京
孩子

三、在下列句子中加上"也"或"都"：

Insert "也" or "都" in a proper place in each of the following sentences：

也

1．我是大学生。
2．李爱华不是老师。
3．陈卉去上海。
4．他不吃甜的。
5．我很高兴。
6．约翰来中国学习汉语。

都

1．他们是大学生。
2．我们不是中国人。
3．小张和小王坐地铁。
4．大家很累。
5．陈卉家的人不喜欢吃肉。
6．大家不去银行换钱。

四、用"也都"完成下列句子　Complete the following sentences with "也都":

1. 李爱华和约翰都是大学生,我们＿＿＿＿＿＿＿＿＿＿＿＿＿＿＿＿＿＿＿。

2. 他们都吃中国菜,陈卉和李爱华＿＿＿＿＿＿＿＿＿＿＿＿＿＿＿＿。

3. 这对老夫妻不坐汽车,我们＿＿＿＿＿＿＿＿＿＿＿＿＿＿＿＿＿。

4. 我们都学习汉语,他们＿＿＿＿＿＿＿＿＿＿＿＿＿＿＿＿＿＿＿。

5. 我不去应聘,那两个学生＿＿＿＿＿＿＿＿＿＿＿＿＿＿＿＿＿＿。

五、将下列句子改成用"好吗?"的问句:

Turn the following sentences into the questions with "好吗?":

1. 你介绍一下儿。

2. 你们坐公共汽车。

3. 在这儿写你的名字。

4. 我们今天去上海。

5. 再要一个辣的。

6. 你去商店买啤酒。

7. 我们一起去银行换钱。

8. 大家都互相叫名字。

六、根据课文一的内容找出正确答案回答问题:

Choose the right answers to the following questions according to Text 1:

1. 李爱华常吃中国菜吗?（　　　）

   A. 李爱华常吃中国菜　　　B. 李爱华不常吃中国菜

2. 李爱华吃不吃辣的?（　　　）

   A. 李爱华不喜欢吃酸的　　B. 李爱华不吃辣的

3. 李爱华喜欢吃肉吗?（　　　）

   A. 李爱华喜欢吃肉　　　　B. 李爱华不喜欢吃肉

4. 陈卉和李爱华要几个菜?（　　　）

   A. 两个　　　　　　　　　B. 三个

5. 他们的菜有几种颜色?（　　　）

   A. 一种　　　　　　　　　B. 三种

6. 这个饭馆的菜好吗?（　　　）

   A. 这个饭馆的菜不好　　　B. 这个饭馆的菜不错

7. 哪种点心是咸的？（　　）
   A．大的是咸的　　　　　　　　B．小的是咸的

七、模仿课文一完成对话　Complete the dialogues after Text 1：

1. A：你吃不吃辣的？
   B：＿＿＿＿＿＿＿＿。我喜欢＿＿＿＿＿＿＿＿。
   A：＿＿＿＿＿＿＿＿＿＿＿＿？
   B：我喜欢吃肉。

2. A：你喜欢吃什么菜？
   B：我喜欢吃肉，要＿＿＿＿＿＿＿吧。
   A：再＿＿＿＿＿＿＿，好吗？
   B：好。

3. A：这种点心是甜的吗？
   B：是，＿＿＿＿＿＿＿＿。
   A：那种点心也是甜的吗？
   B：不是，＿＿＿＿＿＿＿＿＿＿。

八、根据课文二的内容判别下列句子的正误：

Decide whether the following statements are right or wrong according to Text 2：

1. 妈妈给姐姐两个苹果，给弟弟一个苹果。　　　　　　　（　　）
2. 苹果一个是大的，一个是小的。　　　　　　　　　　　（　　）
3. 弟弟立刻去拿大的。　　　　　　　　　　　　　　　　（　　）
4. 姐姐也拿大的。　　　　　　　　　　　　　　　　　　（　　）
5. 弟弟知道姐姐不喜欢大的，所以拿大的。　　　　　　　（　　）
6. 弟弟喜欢大的，所以拿大的。　　　　　　　　　　　　（　　）

九、用所给词语复述课文二　Retell Text 2 with the given words：

给　苹果　大的　　小的　　拿　为什么　先拿
哪一个　当然　　这样想　所以

十、情景会话："商量点什么菜"，用上下列词语：

Situational dialogue：Discuss what dishes to order，using the given words：

喜欢　咸　辣　甜　酸　点　青菜　肉　颜色　好吃

第六课　Lesson 6　现在几点

1. 现在	（名）	xiànzài	now
2. 爱情	（名）	àiqíng	love
3. 片	（名、量）	piàn	film; *measure word*
4. 半	（数）	bàn	half
5. 开演	（动）	kāiyǎn	(of a film, play) to start
演	（动）	yǎn	to perform
6. 事	（名）	shì	business, thing
7. 没关系		méi guānxi	it doesn't matter
8. 场	（量、名）	chǎng	(of a performance or show) *measure word*
9. 多	（副）	duō	*used in questions to indicate degree or extent*
10. 长	（形）	cháng	long
11. 时间	（名）	shíjiān	time
12. 小时	（名）	xiǎoshí	hour
13. 开始	（动）	kāishǐ	to start
14. 结束	（动）	jiéshù	to finish
15. 贵	（形）	guì	expensive
16. 便宜	（形）	piányi	cheap
17. 接	（动）	jiē	to receive, to meet
18. 上午	（名）	shàngwǔ	morning
19. 钓鱼		diào yú	go fishing
钓	（动）	diào	to fish
鱼	（名）	yú	fish
20. 刻（钟）	（量）	kè(zhōng)	(*measure word*) quarter (of an hour)
21. 过	（动）	guò	to pass

22. 一会儿	（名）	yíhuìr	a while
23. 又	（副）	yòu	again
24. 差	（动）	chà	to (an hour)
25. 分(钟)	（量）	fēn(zhōng)	(*measure word*) minute
26. 手表	（名）	shǒubiǎo	wrist watch
表	（名）	biǎo	watch
27. 为了	（介）	wèile	for
28. 省	（动）	shěng	to save

词　组　Phrases

1. 一起：一起去　一起走　一起学习　一起工作　一起参观
   一起打太极拳
2. 接：　接你　接他　接朋友　接学生　接老师　接经理
   接李爱华
3. 时候：五点的时候　学习的时候　打电话的时候　吃饭的时候
   等车的时候
4. 半：　一点半　半个小时　半个苹果　一个半面包　两个半小时
5. 事：　有事　没(有)事　事很多　大事　小事
6. 省：　省钱　省时间　省事

课　文　Texts

课 文 一　Text 1

李　爱华：陈　卉，我们　一起　去　看　电影　吧？
Lǐ Àihuá: Chén Huì, wǒmen yìqǐ qù kàn diànyǐng ba?

陈　卉：好，什么　电影？
Chén Huì: Hǎo, shénme diànyǐng?

李 爱华： 是 美国 电影，
Lǐ Àihuá： Shì Měiguó diànyǐng,

爱情片。
àiqíngpiàn.

陈 卉： 什么 时候 去？
Chén Huì： shénme shíhou qù?

李 爱华： 现在 去，好 吗？
Lǐ Àihuá： Xiànzài qù, hǎo ma?

陈 卉： 现在？ 现在 几 点？
Chén Huì： Xiànzài? Xiànzài jǐ diǎn?

李 爱华： 现在 两 点， 电影 两 点 半 开演。
Lǐ Àihuá： Xiànzài liǎng diǎn, diànyǐng liǎng diǎn bàn kāiyǎn.

陈 卉： 对不起，我 下午 有 事。
Chén Huì： Duìbuqǐ, wǒ xiàwǔ yǒu shì.

李 爱华： 没 关系， 晚上 还 有 一 场， 我们 去
Lǐ Àihuá： Méi guānxi, wǎnshang hái yǒu yì chǎng, wǒmen qù

看 七 点 半 的，好 吗？
kàn qī diǎn bàn de, hǎo ma?

陈 卉： 这 部 电影 多 长 时间？
Chén Huì： Zhè bù diànyǐng duō cháng shíjiān?

李 爱华： 两 个 小时， 七 点 半 开始， 九 点 半
Lǐ Àihuá： Liǎng ge xiǎoshí, qī diǎn bàn kāishǐ, jiǔ diǎn bàn

结束。
jiéshù.

陈 卉： 好 吧，我们 去 看 七 点 半 的。
Chén Huì： Hǎo ba, wǒmen qù kàn qī diǎn bàn de.

李 爱华： 我 现在 去 买 票。
Lǐ Àihuá： Wǒ xiànzài qù mǎi piào.

陈 卉： 一 张 票 多少 钱？ 很 贵 吗？
Chén Huì： Yì zhāng piào duōshao qián? Hěn guì ma?

李 爱 华：不 贵，很 便 宜。我 五 点 半 来 接 你，先 去
Lǐ Àihuá: Bú guì, hěn piányi. Wǒ wǔ diǎn bàn lái jiē nǐ, xiān qù

吃 饭，我 请 你①。
chī fàn, wǒ qǐng nǐ.

陈 卉：好 吧。
Chén Huì: Hǎo ba.

课文二 Text 2

一 天 上午，老 张 和 老 王 一起 去 钓鱼，
Yì tiān shàngwǔ, Lǎo Zhāng hé Lǎo Wáng yìqǐ qù diào yú,

老 王 问 老 张：
Lǎo Wáng wèn Lǎo Zhāng:

"现在 几 点?" 老 张
"Xiànzài jǐ diǎn?" Lǎo zhāng

回答："现在 两 点 一
huídá: "Xiànzài liǎng diǎn yí

刻。" 过 一会儿，老 王
kè." Guò yíhuìr, Lǎo Wáng

又 问 老 张：
yòu wèn Lǎo Zhāng:

"现在 几 点?" 老 张 回答："现在 差 五 分 三
"Xiànzài jǐ diǎn?" Lǎo Zhāng huídá: "Xiànzài chà wǔ fēn sān

点。" 三 点 半 的 时候，老 王 又 问 时间，老
diǎn." Sān diǎn bàn de shíhou, Lǎo Wáng yòu wèn shíjiān, Lǎo

张 很 奇怪："你 也 有 手表，为 什么 不 看?" 老
Zhāng hěn qíguài: "Nǐ yě yǒu shǒubiǎo, wèi shénme bú kàn?" Lǎo

王　　　说：“为了　省　我　的　手表。”
Wáng shuō："Wèile shěng wǒ de shǒubiǎo."

语 法　Grammar

词 语　Words and Expressions

1. 数词“半”　The numeral “半”

数词“半”单独使用时,跟一般数词一样,放在量词之前,如“半个苹果”“半瓶可乐”等。如果跟另一数词连用,“半”要放在量词的后边,如“三个半苹果”“一个半小时”。

When used separately, the numeral "半", like other numerals, is put before a measure word, e.g. "半个苹果""半瓶可乐". If it goes along with another numeral, it is put after the measure word, e.g. "三个半苹果""一个半小时".

2. 副词“又”　The adverb “又”

副词“又”在句中表示同一动作再次发生,一般限于已然。例如“老王又问老张。”

The adverb "又" generally indicates the repeat of the same action which has been made, e.g. "老王又问老张."

词 组　Phrases

1. 状中词组(3)　The adverbial + center-word phrases (3)

表示时间的名词或数量词组直接放在动词前作状语,构成“时间名词+动词"的形式,例如"七点半开演""现在去买票""今天下午三点一刻去"。

Nouns indicating time or numeral-measure phrases directly precede verbs to function as adverbials. The pattern is "noun of time + verb", e.g."七点半开演""现在去买票""今天下午三点一刻去".

时间状语通常放在主语后边、谓语前边。有时为了强调时间,时间状语也可放在主语前边,如"晚上七点半我们去看电影。"但时间状语不能放在句末。

Time adverbial is usually put after the subject and before the predicate. Sometimes it may also be placed before the subject in order to emphasize the time, e.g."晚上七点半我们去看电影." But it can never appear at the end of a sentence.

时间状语和地点状语同时修饰动词时,通常表时间的状语放在地点状语前边。例如:

When a time and place adverbials modify a verb simultaneously, the former usually precedes the latter, e.g.

晚上七点半在大华电影院看电影(时间状语 + 地点状语 + 动宾词组　time adverbial + place adverbial + verb-object phrase)

2. 介宾词组(2)　Preposition-object phrases (2)

介词"为了"带宾语构成介宾词组,例如"为了省我的手表""为了你们的身体"。作修饰动词的状语,表示目的。

The preposition "为了" followed by an object forms a preposition-object phrase, e.g. "为了省我的手表""为了你们的身体". It serves as an adverbial modifying the verb to indicate the purpose.

3. "……的时候"

"……的时候"是一种以"时候"作中心语的表示时间的定中词组,常用表时间的名词、动词、动词性词组等作定语,例如"三点半的时候""钓鱼的时候"。

"……的时候" is composed of an attributive and a center-word phrase of time with "时候" as the center word. A noun, verb or verbal phrase indicating time is often used as the attributive, e.g."三点半的时候""钓鱼的时候".

句　型　Sentence Patterns

1. 名词谓语句　Sentences with a substantive predicate

由名词、定中词组、数量词组直接充当谓语,而不用动词。口语中常用这种句型表达时间、年龄、国籍、籍贯及数量等。句型是：

In such a sentence a noun, nominal phrase or numeral-measure phrase acts as the predicate directly instead of a verb. In spoken language such sentences are often used to express time, age, nationality, place of birth and quantity, etc. The sentence pattern is：

主　语	谓　语
现在	八点十分。
约翰	加拿大人。
陈卉	上海人。
一张票	五十块钱。

其否定形式是在名词谓语前加上"不是"，那么，名词谓语就变成动词谓语。例如：

Such a sentence is made negative by adding "不是" before the nominal predicate, which thus becomes a verbal predicate. For example：

(1) 李爱华不是加拿大人。

(2) 一张票不是五十块钱。

2. 用"吧"的疑问句　Interrogative questions with "吧"

"吧"是语气助词，可以表达不同的语气。当说话人提出带倾向性的猜测或估计，并希望对方证实或同意时，可在陈述句末尾加上"吧"构成这种问句。

The modal particle "吧" can express various tones. When the speaker raises a conjecture or an estimation, and wishes to be confirmed or agreed with, "吧" can be added at the end of a declarative sentence to form such a question.

陈　述　句		"吧"
主　语	谓　语	
李秋	是北京人	吧？
这部电影	很长	吧？

3. 钟点的表达法　Ways of telling the time

阿拉伯数字	读　　法
1:30	一点半(一点三十分)
2:00	两点(钟)
7:45	七点三刻(七点四十五分、差一刻八点)
8:05	八点(过)五分
9:15	九点一刻(九点十五分)
11:55	差五分十二点(十二点差五分、十一点五十五分)

练　习　Exercises

一、说出下列时间　Tell the following time：

    1:00   3:00   12:00   2:30   11:30   4:15   10:15   9:45

    6:45   7:20   8:43   5:55   10:57

二、按例用所给的词语组成词组：

Make up phrases with the given words after each example：

1. 用"半"组成词组　Make up phrases with "半"

    例　Example：苹果→半个苹果

    茶　可乐　啤酒　　小时

    例　Example：苹果→一个半苹果

    面包　小时　烤鸭

2. 用"……的时候"组成词组　Make up phrases with "……的时候"

    例　Example：吃饭→吃饭的时候

    学习　游泳　工作　参观　打电话　喝咖啡

    下车　等车　点菜

3. 用"开始"组成词组　Make up phrases with "开始"

    例　Example：介绍→开始介绍

    学习　工作　打太极拳　喝咖啡　吃饭

· 60 ·

三、替换练习　Substitution drills:

1. A：现在几点？　　　　　　　2. A：电影几点开演？
   B：现在一点。　　　　　　　　B：电影两点半开演。
      两点　　　　　　　　　　　　　三点
      三点一刻　　　　　　　　　　五点一刻
      四点半　　　　　　　　　　　七点半
      五点三刻　　　　　　　　　　八点四十五分
      六点五分　　　　　　　　　　差十分十点
      七点五十五分
      差五分八点

3. A：张小姐好吗？
   B：张小姐很好。
      忙
      漂亮
      高兴
      累
      客气

四、用括号中所给的词完成句子：

Complete the following sentences with the given words:

1. 现在_____。（9点）
2. 现在_____。（12点半）
3. 电影票_____。（50块钱）
4. 啤酒_____。（15块钱）
5. 面包_____。（5块钱）
6. 咖啡_____。（30块钱）

五、用上括号中的词语回答下列问题：

Answer the following questions with the words in the brackets:

1. 他为什么去银行？（为了换钱）
2. 约翰为什么来中国？（为了学汉语）
3. 你为什么不买汽车？（为了省钱）

· 61 ·

4. 朋友们为什么去电影院？（为了看电影）

5. 小张为什么到公司？（为了应聘）

六、根据下列答句说出用"吧"的疑问句：

Make an interrogative question with "吧" based on each of the following answers：

1. 陈卉是上海人。

2. 我不是学生。

3. 好，我们去看电影。

4. 我八点来。

5. 我买红的。

6. 赵经理不喜欢吃辣的。

7. 李爱华是美国人。

8. 一张电影票20块钱。

七、根据课文一判断句子正误：

Decide whether the statements are right or wrong according to Text 1：

1. 陈卉和李爱华一起去看电影。 （　　）

2. 这部电影是中国电影。 （　　）

3. 他们两点去。 （　　）

4. 下午的电影两点半开始。 （　　）

5. 陈卉下午有事。 （　　）

6. 晚上没有电影。 （　　）

7. 这部电影两个小时。 （　　）

8. 李爱华七点来接陈卉。 （　　）

9. 电影票很便宜。 （　　）

10. 陈卉和李爱华一起吃晚饭。 （　　）

八、模仿课文一完成对话　Complete the dialogue after Text 1：

A：我们一起去看电影吧？

B：好，＿＿＿＿＿＿＿＿＿＿？

A：是美国电影，爱情片。

B：＿＿＿＿＿＿＿＿＿＿？

A：现在去,好吗?

B：现在? _____?

A：现在两点, _____开演。

B：对不起, _____。

九、根据课文二选择正确的答案:

Choose the correct answer to each of the following questions based on Text 2:

1. 一天上午,老张和老王去做什么?(   )

    A. 去钓鱼　　　B. 去买手表　　　C. 去问时间

2. 老王问老张什么问题?(   )

    A. 鱼多吗?　　　B. 现在几点?　　　C. 你有手表吗?

3. 老王什么时候第一次问老张时间?(   )

    A. 差五分三点　B. 三点半　　　C. 两点一刻

4. 老王什么时候第二次问老张时间?(   )

    A. 差五分三点　B. 三点半　　　C. 两点一刻

5. 老王什么时候第三次问老张时间?(   )

    A. 差五分三点　B. 三点半　　　C. 两点一刻

6. 老王为什么不看自己的手表?(   )

    A. 没有手表　　　B. 为了省手表　　　C. 看手表很累

十、根据提示复述课文二　Retell Text 2 according to the clues:

老张和老王　　钓鱼　　问时间　　奇怪　　为什么　　省手表

十一、情景会话:"问电影场次和时间",用上下列词语:

Situational dialogue: Ask about the showing time of a film, using the following words:

美国电影　爱情　好看　有票　第一场　开始

第二场　结束

第七课　Lesson 7　他请你参加婚礼

生　词　New Words

1. 参加	（动）	cānjiā	to attend
2. 婚礼	（名）	hūnlǐ	wedding
3. 号	（名）	hào	date
4. 星期	（名）	xīngqī	week
5. 以后	（名）	yǐhòu	after
6. 结婚		jié hūn	get married
7. 一定	（副）	yídìng	surely
8. 新娘	（名）	xīnniáng	bride
9. 同学	（名）	tóngxué	schoolmate
10. 出生	（动）	chūshēng	to be born
生	（动）	shēng	to be born
11. 岁	（名）	suì	age
12. 月	（名）	yuè	month
13. 生日	（名）	shēngri	birthday
14. 举行	（动）	jǔxíng	to hold (a meeting, ceremony, etc.)
15. 饭店	（名）	fàndiàn	hotel
16. 让	（动）	ràng	to let
17. 上	（动）	shàng	to go to
18. 中学	（名）	zhōngxué	middle school
19. 双胞胎	（名）	shuāngbāotāi	twins
20. 相貌	（名）	xiàngmào	appearance
21. 一样	（形）	yíyàng	same

22. 穿	（动）	chuān	to wear
23. 衣服	（名）	yīfu	clothes
24. 可爱	（形）	kě'ài	lovely
25. 可是	（连）	kěshì	but
26. 日	（名）	rì	day
27. 年份	（名）	niánfèn	year

专 名 Proper Nouns

1. 张冬梅	Zhāng Dōngméi	*a person's name*
2. 赵	Zhào	*a surname*

词 组 Phrases

1. 请： 请你参加婚礼　请他吃饭　请我喝酒　请朋友看电影
2. 参加：参加婚礼　参加工作　参加学习
3. 以后：十点以后　一个小时以后　两个月以后　吃饭以后
　　　　喝咖啡以后　学习以后
4. 让： 让他来　让小王吃饭　让老张喝茶　让学生看书
　　　让老师回答
5. 一定：一定知道　一定好看　一定不高兴　一定不来

课 文 Texts

课 文 一 Text 1

李 爱华： 陈 卉，请 坐，你 喝 茶 还是 喝 咖啡？
Lǐ Àihuá： Chén Huì, qǐng zuò, nǐ hē chá háishi hē kāfēi?

陈 卉： 我 喝 茶。我 不 喜欢 喝 咖啡。
Chén Huì： Wǒ hē chá. Wǒ bù xǐhuan hē kāfēi.

李 爱华： 中国人　　　都　很
Lǐ Àihuá： Zhōngguórén dōu hěn

喜欢　喝茶。
xǐhuan hē chá.

陈　　卉： 是啊。你六号有
Chén Huì： Shì a. Nǐ liù hào yǒu

时间　吗?
shíjiān ma?

李 爱华： 六 号 是 星期 几?
Lǐ Àihuá： Liù hào shì xīngqī jǐ?

陈　　卉： 今天　是 三 号， 星期三，六 号 星期六。
Chén Huì： Jīntiān shì sān hào, xīngqīsān, liù hào xīngqīliù.

李 爱华： 六 号 十 点 以后 我 有 时间， 什么 事?
Lǐ Àihuá： Liù hào shí diǎn yǐhòu wǒ yǒu shíjiān, shénme shì?

陈　　卉： 六 号 赵 经理结 婚，他 请 你 参加 婚礼。
Chén Huì： Liù hào Zhào jīnglǐ jié hūn, tā qǐng nǐ cānjiā hūnlǐ.

李 爱华： 是 吗? 好， 我 一定 参加。 新娘 是 谁?
Lǐ Àihuá： Shì ma? Hǎo, wǒ yídìng cānjiā. Xīnniáng shì shuí?

陈　　卉： 是 赵 经理 的　同学， 叫 张　 冬梅。
Chén Huì： Shì Zhào jīnglǐ de tóngxué , jiào Zhāng Dōngméi.

李 爱华： 赵　 经理 今年 多 大①?
Lǐ Àihuá： Zhào jīnglǐ jīnnián duō dà?

陈　　卉： 他 一九七一 年　 出生，　今年　三十二 岁，
Chén Huì： Tā yījiǔqīyī nián chūshēng, jīnnián sānshí'èr suì,

九月 六 号 也 是 他 的　生日。
jiǔyuè liù hào yě shì tā de shēngri.

李 爱华： 婚礼 在 哪儿 举行? 是 在 他 家 还是 在　饭店?
Lǐ Àihuá： Hūnlǐ zài nǎr jǔxíng? Shì zài tā jiā háishi zài fàndiàn?

陈　　卉： 我　现在　还 不 知道，　明天　我　让 李 秋
Chén Huì： Wǒ xiànzài hái bù zhīdào, míngtiān wǒ ràng Lǐ Qiū

告诉　你。
gàosu nǐ.

课文二　Text 2

我　上　中学　的　时候，认识　一　对　双胞胎
Wǒ shàng zhōngxué de shíhou, rènshi yí duì shuāngbāotāi

姐妹，　她们　的　相貌
jiěmèi, tāmen de xiàngmào

一样，　穿　的　衣服　也　一样，
yíyàng, chuān de yīfu yě yíyàng,

非常　可爱。可是，姐姐
fēicháng kě'ài. Kěshì, jiějie,

1978　年　出生，　妹妹
yījiǔqībā nián chūshēng, mèimei

1979　年　出生。　人们
yījiǔqījiǔ nián chūshēng. Rénmen

都　很　奇怪，妈妈　用　一
dōu hěn qíguài, māma yòng yì

年　的　时间　生　她们　吗? 当然　不　是，姐姐　1978
nián de shíjiān shēng tāmen ma? Dāngrán bú shì, jiějie yījiǔqībā

年　12月　31　日　23　点　56　分　出生，
nián shí'èryuè sānshíyī rì èrshísān diǎn wǔshíliù fēn chūshēng,

妹妹　1979　年　1月　1日　零　点　8　分　出生，
mèimei yījiǔqījiǔ nián yīyuè yī rì líng diǎn bā fēn chūshēng,

这样，　她们　出生　的　时间只差　12　分钟，
zhèyàng, tāmen chūshēng de shíjiān zhǐ chà shí'èr fēnzhōng,

可是，年份　差　一　年。
kěshì, niánfèn chà yì nián.

注　释　Note

① "多大"用来问年龄，"多大年纪"的意思。

"多大" is used to ask about someone's age, meaning "多大年纪"（how old）.

语　法　Grammar

词　语　Words and Expressions

连词"可是"　The conjunction "可是"

连词"可是"表示转折，常用在转折复句的后一分句中。如"她们是一对双胞胎姐妹，可是出生的年份差一年。"

The conjunction "可是" indicates a transition, often used in the second clause of a transition al complex sentence, e.g."她们是一对双胞胎姐妹，可是出生的年份差一年。"

词　组　Phrases

1. 主谓词组　Subject-predicate phrases

由名词性词语作"主语"，动词性或形容词性词语作"谓语"构成"主 + 谓"结构的词组，例如"你参加婚礼的时候""我身体很好""我肚子疼"。在句中可作定语或谓语。

A subject-predicate phrase is composed of a nominal phrase as the "subject" and a verbal or adjective phrase as the "predicate", e.g. "你参加婚礼的时候""我身体很好""我肚子疼". Such phrases may act as the attributive or predicate in a sentence.

2. 定中词组和"的"(4)　The attributive + center-word phrases and "的" (4)

动词性词语、主谓词组作定语要加"的"，例如"穿的衣服""上课的时候""他买的票"。

"的" must be added when a verbal term or subject-predicate phrase functions as the attributive, e.g."穿的衣服""上课的时候""他买的票".

句　型　Sentence Patterns

1. 兼语句　Pivotal sentences

兼语句的谓语是由一个"动宾词组"跟一个"主谓词组"构成。"动宾词组"的"宾"同时又是后面主谓词组的"主"，成为"动₁ + 兼语 + 动₂"的形式，句型是：

· 68 ·

A pivotal sentence is composed of a verb-object phrase and a subject-predicate phrase. The object of the former is the subject of the latter, thus forming the structure of "verb$_1$ + pivotal word + verb$_2$". The sentence pattern is:

主　　　语	谓　　　语		
	动$_1$	兼语	动$_2$
赵经理	请	你	参加他的婚礼。
陈　卉	让	李秋	告诉李爱华。
张老师	叫	谁	去学校？

2．选择疑问句　Alternative questions

用"还是"连接可能的两种答案，供对方选择其中的一种。句型是：

Such questions offer two different alternatives joined by "还是" for the person addressed to choose. The sentence pattern is:

主　　　语	谓　　　语		
	动$_1$	"还是"	动$_2$
你	喝咖啡	还是	喝茶？
他们	去银行	还是	去邮局？
李秋	是学生	还是	老师？

3．年、月、日和星期的表示法　Ways to express year, month, day and week

（1）汉语星期的表示　The names of the days of the week in Chinese

星期日	星期一	星期二	星期三	星期四	星期五	星期六
SUN	MON	TUE	WED	THU	FRI	SAT

（2）汉语月份的表示　The names of the months in Chinese

一月	二月	三月	四月	五月	六月
JAN	FEB	MAR	APR	MAY	JUNE
七月	八月	九月	十月	十一月	十二月
JULY	AUG	SEP	OCT	NOV	DEC

（3）日期和时间的表示　Ways to express date and time

中国采用国际上通用的公历纪年法。汉语中日期的表达按从大到小的顺序排列。例如：

China adopts the universal Gregorian calendar. The time is expressed in the sequence from the biggest to the smallest unit in Chinese, e.g.

(1) 1999 年 12 月 20 日

一九九九年十二月二十日

(2) 2004 年 5 月 5 日，星期三，上午 8:30

二零零四年五月五日，星期三，上午八点三十分

注意　Notes:

（1）表年份的数字一般只读系数词，不读位数词。如：1999 年，一般读作 yījiǔjiǔjiǔ 年。

Figures indicating a year are generally read as separate numbers without units, e.g. "1999 年" is read as "yījiǔjiǔjiǔ 年".

（2）表星期的数字都用汉字，如星期一、星期二、星期日。表示年、月、日的数字通常用阿拉伯数字。如"1999 年 12 月 20 日"。

Figures indicating the days of a week are all expressed with Chinese characters, e.g. "星期一""星期二" and "星期日". Figures indicating year, month, day are usually expressed in Arabic numerals, e.g. "1999 年 12 月 20 日".

（3）表示日期，口语中常用"号"，如 10 月 1 号，书面语中常用"日"，如 10 月 1 日。

To tell a date, "号"is often used colloquially, as in "10 月 1 号"; in written language "日" is often used, as in "10 月 1 日".

练 习　Exercises

一、按例用所给词语组成词组：

Make up phrases with the given words after each example:

1. 用"请"组成词组　Make up phrases with"请"

例　Example：坐→请坐

70

说　　写　　喝茶　　吃苹果　　介绍一下儿

例　Example：参加婚礼→请他参加婚礼

吃饭　　看电影　　喝酒　　去我家

2．用"让"组成词组　Make up phrases with "让"

例　Example：李秋告诉你→让李秋告诉你

他来　他去　他吃饭　他喝可乐　　孩子学习　　老师回答

二、把下列词组改成带"的"的词组：

Turn the following into the phrases with "的"：

例　Example：穿衣服→穿的衣服

喝茶　　吃面包　　开汽车　　看电影

买电视　　参观医院　　说汉语

三、按例说出下列年月日和星期：

Say the year, month, date and day of the week after the example：

例　Example：　2001.03.05　星期一

　　　　　　→今天是 2001 年 3 月 5 日，星期一

1980.10.01	星期三	1983.01.08	星期六	1991.03.15	星期五
2002.11.12	星期二	2012.06.28	星期四	2028.07.30	星期日
2045.04.17	星期一

四、替换练习　Substitution drills：

1．赵经理请你<u>参加他的婚礼</u>。　　　2．陈卉让李秋<u>告诉李爱华</u>。

吃饭　　　　　　　　　　　　　说

喝咖啡　　　　　　　　　　　写

看电影　　　　　　　　　　　吃苹果

去他家　　　　　　　　　　　喝咖啡

去钓鱼　　　　　　　　　　　做饭

3．姐姐 1978 年<u>出生</u>。

结婚

上中学

参加工作

开始学习

来中国

五、按例根据所给的词语说出用"还是"的选择句：

Make alternative questions with "还是", using the given words after the example:

例　Example：茶、咖啡→你喝茶还是喝咖啡？

啤酒、可乐　　肉、青菜　　电影、电视　　　出租汽车、公共汽车

游泳、打太极拳

六、根据课文一选择正确的答案：

Choose a correct answer to each of the following questions according to Text 1:

1. 陈卉喜欢喝茶还是喜欢喝咖啡？（　　）

　　A．喜欢喝茶　　　　　B．喜欢喝咖啡　　　　C．都喜欢

2. 六号是星期几？（　　）

　　A．星期三　　　　　　B．星期六　　　　　　C．星期日

3. 李爱华六号有时间吗？（　　）

　　A．有时间　　　　　　B．没有时间　　　　　C．现在还不知道

4. 六号赵经理做什么？（　　）

　　A．参加李爱华的婚礼　B．请李爱华吃饭　　　C．结婚

5. 赵经理的生日是什么时候？（　　）

　　A．十月三号　　　　　B．九月六号　　　　　C．六月十号

6. 婚礼在哪儿举行？（　　）

　　A．饭店　　　　　　　B．家　　　　　　　　C．现在还不知道

七、模仿课文一完成对话　**Complete the dialogues after Text 1:**

1. A：＿＿＿＿＿＿＿还是＿＿＿＿＿＿＿？

　　B：我喝茶。我不喜欢喝咖啡。

　　A：中国人＿＿＿＿＿＿＿＿＿＿＿。

　　B：是啊。

2. A：你6号有时间吗？

　　B：＿＿＿＿＿＿＿＿＿＿？

　　A：今天是3号，星期三，＿＿＿＿＿＿＿＿＿＿＿。

　　B：＿＿＿＿＿＿＿＿我有时间。

3. A：6号赵经理结婚，＿＿＿＿＿＿＿＿＿＿。

　　B：是吗？好，我一定参加。赵经理今年多大？

A：_____出生，今年_____。

B：婚礼_____，_____？

A：我现在还不知道，_____。

八、根据课文二判断正误：

Decide whether the statements are right or wrong according to Text 2：

1．我上大学的时候，认识一对双胞胎姐妹。　　　　　　　（　　）

2．她们穿不一样的衣服。　　　　　　　　　　　　　　　（　　）

3．这对双胞胎姐妹非常可爱。　　　　　　　　　　　　　（　　）

4．她们的出生年份不一样。　　　　　　　　　　　　　　（　　）

5．妈妈用一年的时间生她们。　　　　　　　　　　　　　（　　）

6．她们出生的时间差12分钟。　　　　　　　　　　　　　（　　）

九、根据提示复述课文二　**Retell Text 2 with the given words：**

上中学　双胞胎姐妹　　相貌　衣服　1978 年　　出生

1979 年　奇怪　妈妈　时间　差　年份

十、情景会话："请朋友参加生日晚会"，用上下列词语：

Situational dialogue：Ask your friend to attend your birthday party，using the following words：

月　日　生日　请　吃饭　饭店　家　　一定　　号

第八课　Lesson 8　今天我穿的衣服怎么样

```
生　词　New Words
```

1. 怎么样	（代）	zěnmeyàng	how
2. …极了		…jíle	extremely
3. 流行	（动、形）	liúxíng	to be in vogue; popular
4. 跳舞		tiào wǔ	to dance
5. 图书馆	（名）	túshūguǎn	library
6. 书	（名）	shū	book
7. 努力	（形）	nǔlì	hard-working
8. 下	（形）	xià	next
9. 考试	（动、名）	kǎoshì	to examine; examination
考	（动）	kǎo	to examine
10. 难	（形）	nán	difficult
11. 发音	（名、动）	fāyīn	pronunciation; to pronounce
12. 语法	（名）	yǔfǎ	grammar
13. 汉字	（名）	Hànzì	Chinese character
14. 每	（代）	měi	every
15. 容易	（形）	róngyi	easy
16. 练习	（动、名）	liànxí	to practise; practice
练	（动）	liàn	to practise
17. 英语	（名）	Yīngyǔ	English
18. 得	（助）	de	*structural particle*
19. 外语	（名）	wàiyǔ	foreign language
20. 开（车）	（动）	kāi(chē)	to drive（a car）
21. 快	（形）	kuài	fast
22. 路	（名）	lù	road

23.	警察	（名）	jǐngchá	policeman
24.	放心		fàng xīn	to rest assured
25.	地	（助）	de	*structural particle*
26.	刚	（副）	gāng	just
27.	拐弯		guǎi wān	to turn a corner
	拐	（动）	guǎi	to turn
28.	一直	（副）	yìzhí	always
29.	一边……一边……		yìbiān……yìbiān……	while…while…
30.	罚单	（名）	fádān	fine ticket
	罚	（动）	fá	to fine
31.	急忙	（形）	jímáng	hasty

补充词　Supplementary Words

1.	日语		Rìyǔ	Japanese
2.	法语		Fǎyǔ	French
3.	德语		Déyǔ	German

词　组　Phrases

1. 极了：漂亮极了　好极了　累极了　舒服极了　喜欢极了
　　　　好吃极了　便宜极了　难极了　容易极了　好看极了
2. ……得很：漂亮得很　好得很　累得很　舒服得很　喜欢得很
　　　　好看得很　好吃得很　便宜得很　难得很　容易得很
3. 流行：流行红颜色　流行这样的衣服　流行打太极拳　很流行
　　　　非常流行
4. 真：真忙　真红　真难　真容易　真舒服　真便宜　真高兴
　　　真可爱
5. 放心：放心地来　放心地去　放心地买　放心地开车　请放心
　　　　很放心　不放心　非常不放心

课 文 Text

课 文 一　Text 1

(李爱华正在学习,李秋来了　Li Aihua is studying and Li Qiu comes in)

李　秋：　爱华，今天　我　　穿
Lǐ Qiū：　Àihuá, jīntiān wǒ chuān
　　　　　的 衣服　怎么样?
　　　　　de yīfu zěnmeyàng?

李 爱华：漂亮　　极了。
Lǐ Àihuá：Piàoliang jíle.

李　秋：　是 吗? 今年　流行
Lǐ Qiū：　Shì ma? Jīnnián liúxíng
　　　　　这样　　的 颜色。
　　　　　zhèyàng de yánsè.

李 爱华：我 也 很 喜欢 这 种　红 颜色。喝 点儿
Lǐ Àihuá：Wǒ yě hěn xǐhuan zhè zhǒng hóng yánsè. Hē diǎnr
　　　　　什么?
　　　　　shénme?

李　秋：　喝 杯 可乐 吧。一会儿 我 和 陈　卉去 跳 舞，你
Lǐ Qiū：　Hē bēi kělè ba. Yíhuìr wǒ hé Chén Huì qù tiào wǔ, nǐ
　　　　　去 吗?
　　　　　qù ma?

李 爱华：我 不去，我 去 图书馆　看 书。
Lǐ Àihuá：Wǒ bú qù, wǒ qù túshūguǎn kàn shū.

李　秋：　今天　星期六，你 还 学习，你 真 努力。
Lǐ Qiū：　Jīntiān xīngqīliù, nǐ hái xuéxí, nǐ zhēn nǔlì.

李 爱华：下　星期　我们 考 试。
Lǐ Àihuá：Xià xīngqī wǒmen kǎo shì.

李　秋：　汉语　难 不 难?
Lǐ Qiū：　Hànyǔ nán bu nán?

李 爱华：发音 很 难，语法 不太 难。
Lǐ Àihuá：Fāyīn hěn nán, yǔfǎ bú tài nán.

李 秋： 汉字 呢？汉字 也 不 容易 吧？
Lǐ Qiū： Hànzì ne? Hànzì yě bù róngyi ba?

李 爱华：汉字 难 极了。你 看，我 每天 都 练习 汉字。
Lǐ Àihuá：Hànzì nán jíle. Nǐ kàn, wǒ měitiān dōu liànxí Hànzì.

李 秋： 你 写 的 汉字 很 好。我 学习 英语，英语 也
Lǐ Qiū： Nǐ xiě de Hànzì hěn hǎo. Wǒ xuéxí Yīngyǔ, Yīngyǔ yě

难 得 很。
nán de hěn.

李 爱华：是 啊，学 外语 都 不 容易。
Lǐ Àihuá：Shì a, xué wàiyǔ dōu bù róngyi.

李 秋： 你 去 图书馆 吧，我 去 找 陈 卉。
Lǐ Qiū： Nǐ qù túshūguǎn ba, wǒ qù zhǎo Chén Huì.

课 文 二 Text 2

小 刘 开 车 快 极了，一 天，开 车 的 时候，他
Xiǎo Liú kāi chē kuài jíle, yì tiān, kāi chē de shíhou, tā

看看 路 上 没有
kànkan lù shang méiyǒu

警察， 又 放心 地 开
jǐngchá, yòu fàngxīn de kāi

快 车。刚 拐 弯，
kuài chē. Gāng guǎi wān,

一 个 警察 在 路
yí ge jǐngchá zài lù

旁边儿， 让 他 停 车。"我 一直 在 这儿 等 你。"
pángbiānr, ràng tā tíng chē. "Wǒ yìzhí zài zhèr děng nǐ."

警察 一边 开 罚单，一边 说。小 刘 回答："我 知道，
Jǐngchá yìbiān kāi fádān, yìbiān shuō. Xiǎo Liú huídá: "Wǒ zhīdao,

警察　　　先生，　　所以 我　急忙　地 来　找　你。"
jǐngchá xiānsheng, suǒyǐ wǒ jímáng de lái zhǎo nǐ."

语 法　Grammar

词 语　Words and Expressions

1.“怎么样”　The usage of “怎么样”

"怎么样"可询问状况和性质，如"他身体怎么样？""她穿的衣服怎么样？"常用来问谓语、补语等。

"怎么样" can be used to inquire a state of affairs or the nature of something, e.g. "他身体怎么样？" "她穿的衣服怎么样？" It is often used to ask about the predicate or complement, etc.

2.代词“每”　The pronoun “每”

代词"每"修饰名词时必须加量词，指代的是全体中的个体，但侧重于表示全体中的个体相同，无例外。所以常与副词"都"连用。构成"每……都"格式，在句中作状语，如"每个学生都参加"。

When qualifying a noun, the pronoun "每" must take a measure word after it. It refers to each individual in a whole, stressing that they are all the same without exception. Therefore, it often goes with the adverb "都" to form the pattern of "每……都", functioning as the adverbial in a sentence, e.g. "每个学生都参加".

3.副词“刚”　The adverb “刚”

"刚"表示发生在不久前，可重叠为"刚刚"，例如"刚上课""刚刚走"。在句中作时间状语。

"刚" indicates that an action happened a short while ago. It can be reduplicated as "刚刚", e.g. "刚上课" "刚刚走", which functions as the time adverbial in a sentence.

4.副词“一直”　The adverb “一直”

"一直"表示动作的方向不变，如"一直走，不拐弯"。

"一直" indicates that an action continues in an unchanged direction, e.g. "一直

走,不拐弯".

　　"一直"还可表示动作或状态持续不变,如"警察一直在那儿等他"。

　　"一直" can also indicate that an action or state remains unchanged, e.g."警察一直在那儿等他".

词　组　Phrases

1. 补充词组(1)　Complementary phrases (1)

　　形容词和一些动词后边加上"极了""得很"等表程度的词语,构成"形/动 + 程度补语"的补充词组形式。例如"漂亮极了""难得很""想极了""喜欢得很"。在句中主要充当谓语。

　　When words indicating degrees like "极了", "得很" come after some adjectives and verbs, they become complementary phrases in the form of "adjective/verb + complement of degree", e.g."漂亮极了""难得很""想极了""喜欢得很". Such phrases mainly function as the predicate in a sentence.

2. 状中词组和"地"　The adverbial + center-word phrases and "地"

　　用双音节形容词或"状形词组"充当状语,对动作行为进行描述时,通常要加"地"构成"形 + '地' + 动"形式,例如:"奇怪地问""很快地走""高兴地说"。

　　When a disyllabic adjective or an "adverbial-adjective" phrase is used as an adverbial to describe an action, it usually takes "地" to form the pattern of "adjective + '地' + verb", e.g."奇怪地问""很快地走""高兴地说".

句　型　Sentence Patterns

1. 带程度补语的句子　Sentences with a complement of degree

　　由"形/动 + 程度补语"构成的补充词组作谓语,补语主要说明动作行为达到的程度。句型是:

　　When a complementary phrase in the form of "adjective/verb + complement of degree" acts as the predicate, the complement mainly indicates the degree of the action. The sentence pattern is:

主　语	谓　语	
	形	程度补语
你穿的衣服	漂亮	极了。
他哥哥	忙	得很。
英语	也难	极了。

2. 用"呢"的省略式疑问句　Elliptical questions with the modal particle "呢"

"名词性词语＋呢"构成的省略问句,是口语中常用的表达形式。从语义来看,可分如下两种用法:

An elliptical question composed of a nominal word and the modal particle "呢" is a common way of expression in spoken language. Semantically, it has two following usages:

（1）"名词性词语＋呢"为起始句,如"张老师呢?""我的汉语词典呢?"问话人是在询问人或物的处所。

A nominal word plus "呢" as the initiating sentence, e.g. "张老师呢?""我的汉语词典呢?" where the inquirer is asking the whereabouts of a person or thing.

（2）"名词性词语＋呢"为后续句,那么省略的是上文中所谈到的部分内容。例如:

A Nominal word plus "呢" as the succeeding sentence; the above-mentioned part is omitted, e.g.

李　秋:汉语难不难?

李爱华:发音很难,语法不太难。

李　秋:汉字呢?("汉字难不难?")

李爱华:汉字难极了。

3. 动词重叠　The reduplication of verbs

汉语里某些表示动作行为的动词可以重叠。单音节动词重叠形式是"AA"或"A — A";双音节动词的重叠形式是"ABAB",后面的音节都读轻声。重叠式的动词一般表示动作经历的时间短,也有随便、尝试等意味。句型是:

In Chinese a number of verbs indicating actions can be reduplicated. The monosyllabic verbs are reduplicated in the form of "AA" or "A — A"; disyllabic verbs, "AB-AB". The last syllable is always unstressed. A reduplicated verb usually indicates an action of a very short duration; it also implies the casual or attempting meaning. The sentence pattern is:

主　语	谓　语		
	状　语	动词重叠	宾　语
我		看看	这本书。
你		问一问	张老师。
您	上课的时候	介绍介绍	北京。

4.“一边……一边……” The phrase “一边……一边……”

用“一边……一边……”表示两种以上的动作行为在同一时间进行,前后可以是不同的主语。例如:

“一边……一边……” is used to indicate that two or more actions take place at the same time, which may have different subjects, e.g.

(1)警察一边开罚单,一边说。

(2)老师一边说,学生一边写。

练　习　Exercises

一、按例用所给的词语组成词组:

Make up phrases with the given words after each example:

1.用“……极了”组成词组　Make up phrases with “……极了”

　　例　Example:漂亮→漂亮极了

　　好　累　舒服　喜欢　好看　好吃　贵　难　容易

2.用“……得很”组成词组　Make up phrases with“……得很”

　　例　Example:难→难得很

　　漂亮　好　累　舒服　喜欢　好看　好吃　便宜　容易

3.用“流行”组成词组　Make up phrases with“流行”

　　例　Example:红衣服→流行红衣服

　　绿颜色　打太极拳　　看外国电影　　钓鱼

二、替换练习　Substitution drills：

1. 你<u>写</u>的<u>汉字</u>很好。　　　2. 今年流行<u>这样的颜色</u>。

　　　做的菜　　　　　　　　　　　红衣服
　　　开的车　　　　　　　　　　　这种项链
　　　穿的衣服　　　　　　　　　　打太极拳
　　　看的书　　　　　　　　　　　穿这样的衣服
　　　买的茶

3. 我每天都<u>写汉字</u>。　　　　　4. 请你<u>写写</u><u>这个汉字</u>。

　　　喝茶　　　　　　　　　　尝　　这个菜
　　　喝咖啡　　　　　　　　　看　　那本书
　　　打太极拳　　　　　　　　找　　钥匙
　　　打电话　　　　　　　　　介绍　故宫
　　　游泳　　　　　　　　　　练习　发音

三、把下列句子改成用"怎么样"的问句：

Change the following to questions with "怎么样"：

1. 这本词典好吗？
2. 那个大夫好不好？
3. 你喝啤酒,好吗？
4. 你和小王一起去,好吗？
5. 我们坐公共汽车去,好吗？
6. 明天晚上去跳舞,好吗？
7. 陈卉穿的衣服漂亮吗？
8. 李秋做的饭好吃吗？

四、根据所给的词语用"一边……一边……"说句子：

Make sentences with "一边……一边……", using the given words：

看电影、吃面包　　看电视、喝茶　　　工作、学习
钓鱼、想问题　　　走、穿衣服

五、根据课文一判断正误：

Decide whether the statements are right or wrong according to Text 1：

1. 今天李秋穿的衣服很漂亮。　　　　　　　　　　　（　　）
2. 今年流行白颜色。　　　　　　　　　　　　　　　（　　）

3．李秋喝茶。 （　　）

4．一会儿李秋和陈卉去买衣服。 （　　）

5．一会儿李爱华去图书馆看书。 （　　）

6．李爱华下星期考试。 （　　）

7．李秋每天都写汉字。 （　　）

8．李秋去找陈卉。 （　　）

六、模仿课文一完成对话　Complete the dialogues after Text 1:

1．A：＿＿＿＿＿＿＿＿＿＿＿＿怎么样？

　　B：今天你穿的衣服漂亮极了。

　　A：是吗？＿＿＿＿＿＿＿＿＿＿＿＿＿＿＿。

　　B：＿＿＿＿＿＿＿＿＿＿＿＿＿＿。

2．A：汉语难不难？

　　B：＿＿＿＿＿＿＿＿＿＿＿＿＿＿。

　　A：汉字呢？汉字也不容易吧？

　　B：＿＿＿＿＿＿＿＿。

七、根据课文二回答问题　Answer the questions according to Text 2:

1．小刘开车怎么样？

2．一天,他为什么放心地开快车？

3．一个警察在哪儿？

4．警察让他做什么？

5．警察一边开罚单,一边说什么？

6．小刘说,他为什么急忙来找警察？

八、根据下列提示词语复述课文二　Retell Text 2 with the given words:

开车　一天　没有警察　放心　拐弯　路旁边儿

一边……一边……　罚单　知道　急忙

九、情景会话:"谈学习外语",用上下列词语:

Situational dialogue：Talk about learning a foreign language with the following words：

外语　英语　难　发音　语法　词典　容易　……得很　……极了

第九课 Lesson 9 你打网球打得好不好

生 词 New Words

1. 网球	（名）	wǎngqiú	tennis
球	（名）	qiú	ball
2. 锻炼	（动）	duànliàn	to exercise
3. 体育	（名）	tǐyù	sports
4. 跑步		pǎo bù	to run
跑	（动）	pǎo	to run
5. 操场	（名）	cāochǎng	sports ground
6. 武术	（名）	wǔshù	martial arts
7. 体操	（名）	tǐcāo	gymnastics
8. 慢	（形）	màn	slow
9. 乒乓球	（名）	pīngpāngqiú	table tennis
10. 排球	（名）	páiqiú	volleyball
11. 这么	（代）	zhème	so
12. 爬山		pá shān	mountain climbing
山	（名）	shān	mountain
13. 附近	（名）	fùjìn	nearby
14. 特别	（形）	tèbié	especial
15. 借	（动）	jiè	to borrow
16. 儿子	（名）	érzi	son
17. 带	（动）	dài	to take
18. 字条	（名）	zìtiáo	note
19. 还	（动）	huán	to return
20. 欠款	（名）	qiànkuǎn	debt

欠	（动）	qiàn	to owe
款	（名）	kuǎn	money
21. 后来	（名）	hòulái	later
22. 仍然	（副）	réngrán	still
23. 清楚	（形）	qīngchu	clear
24. 故事	（名）	gùshi	story
25. 同	（形）	tóng	same
26. 读音	（名）	dúyīn	pronunciation
读	（动）	dú	to pronounce
27. 意思	（名）	yìsi	meaning

专 名 Proper Noun

香山	Xiāng Shān	Fragrant Hills

词 组 Phrases

1. 游泳：去游泳　喜欢游泳　常常游泳　游泳游得快
游泳游得不慢
2. 附近：北京附近　学校附近　邮局附近　在附近　附近的医院
附近的汽车站
3. 还：　还钱　还词典　还汽车　还美元　还书
4. 特别：特别多　特别少　特别快　特别慢　特别是外国人
特别是北京
5. 同：　同一个汉字　同一个学校　同一家银行　同一本书
不同的读音　不同的医院　不同的问题

课文一 Text 1

陈　卉：你 身体 真 好。
Chén Huì：Nǐ shēntǐ zhēn hǎo.

李 爱华：当然， 我
Lǐ Àihuá：Dāngrán, wǒ

常常 锻炼
chángcháng duànliàn

身体。
shēntǐ.

陈　卉：你 喜欢 什么 体育
Chén Huì：Nǐ xǐhuan shénme tǐyù

运动？
yùndòng?

李 爱华：我 喜欢 跑步和 游 泳，在 中国 还 想
Lǐ Àihuá：Wǒ xǐhuan pǎo bù hé yóu yǒng, zài Zhōngguó hái xiǎng

学 太极拳。
xué tàijíquán.

陈　卉：每 天 早上， 很 多 人 在 操场 上 打
Chén Huì：Měi tiān zǎoshang, hěn duō rén zài cāochǎng shang dǎ

太极拳， 你 去 学 吧。
tàijíquán, nǐ qù xué ba.

李 爱华：对， 还 有 练 武术 的、做 体操 的，我 也 想
Lǐ Àihuá：Duì, hái yǒu liàn wǔshù de、zuò tǐcāo de, wǒ yě xiǎng

学 中国 武术。
xué Zhōngguó wǔshù.

陈　卉：你 游 泳 游 得 怎么样？
Chén Huì：Nǐ yóu yǒng yóu de zěnmeyàng?

李爱华： 我 游 得 很 慢。你 也 喜欢 运动 吗？
Lǐ Àihuá： Wǒ yóu de hěn màn. Nǐ yě xǐhuan yùndòng ma?

陈 卉： 喜欢， 我 喜欢 打球， 乒乓球、 网球、
Chén Huì： Xǐhuan, wǒ xǐhuan dǎ qiú, pīngpāngqiú、wǎngqiú、

排球 我 都 喜欢。
páiqiú wǒ dōu xǐhuan.

李爱华： 你 打 网球 打 得 好 不 好？
Lǐ Àihuá： Nǐ dǎ wǎngqiú dǎ de hǎo bu hǎo?

陈 卉： 我 网球 打 得 不 太 好。
Chén Huì： Wǒ wǎngqiú dǎ de bú tài hǎo.

李爱华： 乒乓球 你 打 得 一定 很 好 吧， 中国人
Lǐ Àihuá： Pīngpāngqiú nǐ dǎ de yídìng hěn hǎo ba, Zhōngguórén

喜欢 打 乒乓球， 都 打 得 非常 好。
xǐhuan dǎ pīngpāngqiú, dōu dǎ de fēicháng hǎo.

陈 卉： 外国人 都 这么 说。 我 还 喜欢 爬 山。
Chén Huì： Wàiguórén dōu zhème shuō. Wǒ hái xǐhuan pá shān.

李爱华： 你 去 哪儿 爬 山？
Lǐ Àihuá： Nǐ qù nǎr pá shān?

陈 卉： 附近 山 很 多， 我 常常 去 香 山。
Chén Huì： Fùjìn shān hěn duō, wǒ chángcháng qù Xiāng Shān.

李爱华： 爬 山 的 人 多 吗？
Lǐ Àihuá： Pá shān de rén duō ma?

陈 卉： 多 极了，特别 是 星期六 和 星期日。
Chén Huì： Duō jíle, tèbié shì xīngqīliù hé xīngqīrì.

李爱华： 我 也 喜欢 爬 山，星期六 上午 我们 一起
Lǐ Àihuá： Wǒ yě xǐhuan pá shān, xīngqīliù shàngwǔ wǒmen yìqǐ

去 爬 香 山， 好 吗？
qù pá Xiāng Shān, hǎo ma?

陈 卉： 好， 星期六 我 来 找 你。
Chén Huì： hǎo, xīngqīliù wǒ lái zhǎo nǐ.

课文二　Text 2

老　王　借　老　张　一　万　块　钱。一　个　月　以　后，
Lǎo Wáng jiè Lǎo Zhāng yí wàn kuài qián. Yí ge yuè yǐhòu,

老　王　让　儿子　带　一　万
Lǎo Wáng ràng érzi dài yí wàn

块　钱　和　一　张　字条　去
kuài qián hé yì zhāng zìtiáo qù

还　钱，老　王　的　字条　写
huán qián, Lǎo Wáng de zìtiáo xiě

的　是："还　欠款　一　万
de shì : "Huán qiànkuǎn yí wàn

元。" 　　后来，　　老　　张
yuán ." 　　Hòulái, 　　Lǎo Zhāng

仍然　让　老　王　还　钱，老　王　问　为　什么，
réngrán ràng Lǎo Wáng huán qián, Lǎo Wáng wèn wèi shénme,

老　张　说："这　字条　是　你　写　的　吧?" 老　王　说：
Lǎo Zhāng shuō: "Zhè zìtiáo shì nǐ xiě de ba?" Lǎo Wáng shuō:

"是。" 老　张　说："你　写　得　很　清楚，还　欠　我　一
"Shì." Lǎo Zhāng shuō: "Nǐ xiě de hěn qīngchu, hái qiàn wǒ yí

万　块　钱。"
wàn kuài qián."

这　个　故事　告诉　我们，　同　一　个　汉字　在　读音　不
Zhè ge gùshi gàosu wǒmen , tóng yí ge Hànzì zài dúyīn bù

同　的　时候，意思　也　常常　不　一样。
tóng de shíhou yìsi yě chángcháng bù yíyàng.

语 法 Grammar

词 语 Words and Expressions

1. 动词"喜欢" The verb "喜欢"

表示人物心理活动的动词,如"喜欢、爱、知道、想"等,都能带动词性或形容词性词语作宾语。如"爱漂亮、爱喝咖啡""喜欢钓鱼、知道怎么做""想学太极拳"等。

The verbs denoting a person's psychological activities, such as "喜欢", "爱", "知道" and "想", can take verbal or adjective words and expressions as their objects, e.g. "爱漂亮、爱喝咖啡""喜欢钓鱼、知道怎么做""想学太极拳", etc.

2. "为什么" The usage of "为什么"

"为什么"常用于询问原因或目的。如"为什么他不来上课?""你为什么学习汉语?"前者是问原因,后者是问目的。

"为什么" is often used to ask for the reason or purpose, e.g. "为什么他不来上课?""你为什么学习汉语?". The former asks for the reason; and the latter, the purpose.

词 组 Phrases

补充词组(2) Complementary phrases (2)

由"动/形 + '得' + 状态补语"构成补充词组。例如"打得非常好""介绍得很清楚""说得不太好"。"得"后的状态补语,常用来评价、判断或描写前边的动词、形容词。这种词组在句中常作谓语。

A complementary phrase is composed of "verb/adjective + '得' + complement of state", e.g. "打得非常好""介绍得很清楚""说得不太好". The complement of state after "得" is often used to evaluate, judge or describe the preceding verb or adjective. Such phrases usually act as the predicate in a sentence.

句 型 Sentence Patterns

1. 主谓谓语句 Sentences with a subject-predicate construction as the predicate

用主谓词组作谓语,主要是说明或描写全句主语。从语义关系来看,小主语和大主语之间常常是部分跟整体的关系。句型是：

A subject-predicate phrase used as the predicate mainly serves to define or describe the subject of a whole sentence. Semantically, the relationship between the minor and the major subject is usually that of part and whole. The sentence pattern is:

主　语	谓　语	
	主	谓
你	身体	真好。
他	肚子	疼。
这种汽车	颜色	不漂亮。

2. 带状态补语的句子　Sentences with a complement of state

由"动/形 + '得' + 状态补语"构成的补充词组作谓语，句子意义的重点常常在补语上。句型 1 是：

When a complementary phrase in the form of "verb/adjective + '得' + complement of state" acts as the predicate, the meaning of the sentence often centers on the complement. The sentence pattern 1 is:

主　语	谓　语		
	动	"得"	状态补语
她	游	得	很快。
老张	写	得	不清楚。

动词带宾语时，要重复动词。句型 2 是：

When taking an object, the verb should be reduplicated. The sentence pattern 2 is:

主　语	谓　语				
	动词	宾语	动词	"得"	状态补语
约翰	写	汉字	写	得	很漂亮。
他	说	汉语	说	得	不太好。

常用句型3是一种主谓谓语句：

The common sentence pattern 3 is a sentence with a subject-predicate construction as the predicate：

主　　语	谓　　语			
	主	动	"得"	状态补语
他	乒乓球	打	得	很好。
约翰	汉字	写	得	非常漂亮。
网球	他	打	得	特别好。
语法	她	学	得	不好。

状态补语的否定形式是把副词"不"放在状态补语前边，而不是放在动词前边。如"他说汉语说得不太好。"正反疑问句是并列补语的肯定与否定形式，如"他游得快不快？""你做饭做得好不好？""网球他打得好不好？"

A complement of state is negated by putting the adverb "不" before it instead of the verb，e.g. "他说汉语说得不太好。" Such a sentence can be turned into an affirmative-negative question by juxtaposing both the affirmative and the negative forms of the complement，e.g. "他游得快不快？""你做饭做得好不好？""网球他打得好不好？"

练　习　Exercises

一、按例用所给词语组成词组：

Make up phrases with the given words after each example：

1. 例　Example：走(慢)→走得慢

　　跑(快)　　打(好)　　说(慢)　　做(好吃)

　　写(好看)　　介绍(清楚)　　回答(对)

2. 例　Example：北京→北京附近

　　学校　电影院　医院　银行　商店　汽车站　图书馆

3. 例　Example：跑步→喜欢跑步

　　看书　游泳　打太极拳　跳舞　学习外语　开车

二、替换练习　Substitution drills：

1. 我游得不快。

写
说
看
跑
走

2. 你打网球打得怎么样？

写汉字　　写
游泳　　　游
回答问题　回答
打太极拳　打
穿衣服　　穿
跳舞　　　跳

3. 我网球打得不太好。

排球　打　好
汽车　开　慢
汉字　写　清楚
衣服　穿　漂亮
菜　　做　好吃

4. 乒乓球你打得很好吧？

汉字　写　清楚
英语　考　好
武术　练　好
英语　说　不错
啤酒　喝　多

三、用所给的词语完成句子（主谓谓语句）：

Make up sentences with the given words（your sentences should be with a subject-predicate construction as the predicate）：

例：他（身体）→他身体很好

我（肚子）　图书馆（书）　我们学校（学生）

那家商店（营业员）　这个菜（颜色）

四、根据所给的情景做问答练习：

Ask a question and then answer it according to each given situation：

例　Example：打乒乓球

问：你打乒乓球打得怎么样？

答：我打乒乓球打得很好。

爬山　做体操　考语法　练武术

做中国菜　说英语　回答问题

五、根据课文一选择正确答案：

Choose a correct answer to each of the following questions according to Text 1：

1. 李爱华为什么身体很好？（　　）

　　A.他常常吃肉　　　　B.他常常锻炼身体　　　　C.他常常休息

2. 李爱华喜欢什么体育运动?（　　）
   A.跑步和游泳　　　　　B.游泳和打网球　　　　　C.打乒乓球和网球

3. 李爱华想学什么?（　　）
   A.游泳　　　　　　　　B.打排球　　　　　　　　C.太极拳和武术

4. 每天早上,很多人在哪儿打太极拳?（　　）
   A.医院　　　　　　　　B.操场　　　　　　　　　C.香山

5. 李爱华游泳游得快不快?（　　）
   A.很快　　　　　　　　B.很慢　　　　　　　　　C.不太快

6. 陈卉喜欢什么运动?（　　）
   A.游泳　　　　　　　　B.跑步　　　　　　　　　C.打球

7. 陈卉打网球打得怎么样?（　　）
   A.很好　　　　　　　　B.不太好　　　　　　　　C.很不好

8. 谁喜欢爬山?（　　）
   A.李爱华　　　　　　　B.陈卉　　　　　　　　　C.陈卉和李爱华

9. 陈卉常常去哪儿爬山?（　　）
   A.学校的附近　　　　　B.香山　　　　　　　　　C.长城

10. 什么时候爬山的人特别多?（　　）
    A.星期一和星期二　　　B.星期三和星期四　　　　C.星期六和星期日

六、模仿课文一完成对话　Complete the dialogues after Text 1:

1. A：你游泳游得怎么样?
   B：_____。你也喜欢运动吗?
   A：喜欢,_____。
   B：_____?
   A：我网球打得不太好。

2. B：你去哪儿爬山?
   A：_____。
   B：爬山的人多吗?
   A：_____。

七、根据课文二回答问题　**Answer the questions according to Text 2：**

    1. 老王借老张多少钱？

    2. 老王什么时候还老张钱？

    3. 老王让谁去还钱？

    4. 老王的字条写的是什么？

    5. 老张怎么读那张字条？

    6. 这个故事告诉我们什么？

八、根据下列提示词语复述课文二　**Retell Text 2 with the given words：**

    欠　　让　带　钱　字条　写　　还　　仍然　为什么

    清楚　还　故事　告诉　汉字　读音　意思

九、情景会话："谈喜欢什么体育运动",用上下列词语：

    Situational dialogue：Talk about your favorite sports with the given words：

    锻炼　喜欢　体育　运动　打　得　网球　乒乓球

    游泳　快　跑步　慢

第十课 Lesson 10 图书馆在学校的左边

1. 左边	（名）	zuǒbian	on the left
左	（名）	zuǒ	left
2. 套	（量）	tào	(*measure word*) set
3. 房子	（名）	fángzi	house
4. 下	（名）	xià	down
下边	（名）	xiàbian	below
5. 上	（名）	shàng	up
上边	（名）	shàngbian	above
6. 房间	（名）	fángjiān	room
7. 生活	（名、动）	shēnghuó	life; to live
8. 方便	（形）	fāngbiàn	convenient
9. 向	（介、动）	xiàng	towards
10. 东	（名）	dōng	east
东边	（名）	dōngbian	on or to the east
11. 米	（量）	mǐ	(*measure word*) meter
12. 南	（名）	nán	south
南边	（名）	nánbian	on or to the south
13. 家	（量）	jiā	*measure word*
14. 从	（介、动）	cóng	from
15. 北	（名）	běi	north
北边	（名）	běibian	on or to the north
16. 大约	（副）	dàyuē	about
17. 西边	（名）	xībian	on or to the west

西	（名）	xī	west
18. 右	（名）	yòu	right
右边	（名）	yòubian	on the right
19. 远	（形）	yuǎn	far
20. 就	（副）	jiù	right away
21. 离	（介、动）	lí	from; leave
22. 近	（形）	jìn	near
23. 前边	（名）	qiánbian	in the front
前	（名）	qián	front
24. 后边	（名）	hòubian	behind
后	（名）	hòu	behind
25. 租	（动）	zū	to rent
26. 后背	（名）	hòubèi	back
27. 黑	（形）	hēi	black
28. 保护色	（名）	bǎohùsè	protective colour
保护	（动）	bǎohù	to protect
29. 水	（名）	shuǐ	water
30. 中	（名）	zhōng	middle
31. 敌人	（名）	dírén	enemy
32. 些	（量）	xiē	(*measure word*) some

专　名　Proper Noun

杨	Yáng	*a surname*

词　组　Phrases

1. 向： 向东　向西　向南　向北　向前　向后　向左　向右
2. 方便：生活方便　换钱方便　坐车方便　吃饭方便　上学方便
　　　　 上班方便

3. 大约：大约二十岁　大约两千元　大约一小时　大约三年
4. 租：　租房子　租汽车　租书　租电视
5. 保护：保护自己　保护爱人　保护弟弟　保护汽车　保护学校
6. 些：　买一些青菜　吃些点心　一些古玩　有些苹果　这些书
　　　　那些人

课　文　Texts

课 文 一　Text 1

(李爱华租房子　Li Aihua rents a house)

李　爱华：　　杨　　　先生，
Lǐ Àihuá：　　Yáng xiānsheng,

　　　　　　　这　套　房子
　　　　　　　zhè tào fángzi

　　　　　　　很　　好。
　　　　　　　hěn hǎo.

杨　先生：　　这　是　楼　下，
Y. xiānsheng：　Zhè shì lóu xià ,

　　　　　　　楼　上　还　有　三　个　房间，　我们　去　楼
　　　　　　　lóu shàng hái yǒu sān ge fángjiān, wǒmen qù lóu

　　　　　　　上　　看看。
　　　　　　　shàng kànkan.

李　爱华：　　楼　上　也　很　好，我　很　喜欢。附近　有
Lǐ Àihuá：　　Lóu shàng yě hěn hǎo, wǒ hěn xǐhuan. Fùjìn yǒu

　　　　　　　没　有　　商店、　邮局、　银行？　　生活
　　　　　　　méi yǒu shāngdiàn、yóujú、yínháng? Shēnghuó

　　　　　　　方便　　不　方便？
　　　　　　　fāngbiàn bù fāngbiàn?

杨　先生：　　非常　　　方便。附近有很多　商店，　也
Y. xiānsheng：Fēicháng fāngbiàn. Fùjìn yǒu hěn duō shāngdiàn, yě

有　邮局、　银行。
yǒu yóujú、yínháng.

李爱华：　　是吗？有大　商店　　吗？
Lǐ Àihuá：Shì ma? Yǒu dà shāngdiàn ma?

杨　先生：　　有，　向　东　走100米，　向　南拐，再
Y. xiānsheng：Yǒu, xiàng dōng zǒu yìbǎi mǐ, xiàng nán guǎi, zài

走　30米，有一家很大的　商店。
zǒu sānshí mǐ, yǒu yì jiā hěn dà de shāngdiàn.

李爱华：　　附近饭馆儿　多吗？
Lǐ Àihuá：Fùjìn fànguǎnr duō ma?

杨　先生：　　饭馆儿　很多，　东边和西边都有
Y. xiānsheng：Fànguǎnr hěn duō, dōngbian hé xībian dōu yǒu

饭馆儿。
fànguǎnr.

李爱华：　　邮局在哪儿？
Lǐ Àihuá：Yóujú zài nǎr?

杨　先生：　　从　这儿向北一直走，大约　走　500
Y. xiānsheng：Cóng zhèr xiàng běi yìzhí zǒu, dàyuē zǒu wǔbǎi

米，在路的　西边。
mǐ, zài lù de xībian.

李爱华：　　附近也有中国　银行　吧？
Lǐ Àihuá：Fùjìn yě yǒu Zhōngguó Yínháng ba?

杨　先生：　　当然　有，从　邮局向西走，再　向
Y. xiānsheng：Dāngrán yǒu, cóng yóujú xiàng xī zǒu, zài xiàng

右拐，不远就是中国　银行。
yòu guǎi, bù yuǎn jiù shì Zhōngguó Yínháng.

李爱华：　　医院离这儿远不远？
Lǐ Àihuá：Yīyuàn lí zhèr yuǎn bu yuǎn?

杨　先生： 很 近， 银 行 的 前边 就 是 医院。还 有
Y. xiānsheng: Hěn jìn, yínháng de qiánbian jiù shì yīyuàn. Hái yǒu

学校， 在 邮局 后边， 图书馆 在 学校
xuéxiào, zài yóujú hòubian, túshūguǎn zài xuéxiào

的 左边， 电影院 在……
de zuǒbian, diànyǐngyuàn zài……

李 爱华： 好， 杨 先生， 我 租 这 套 房子。
Lǐ Àihuá: Hǎo, Yáng xiānsheng, wǒ zū zhè tào fángzi.

课文二　Text 2

鱼 的 后背 是 黑色 的，肚子 是 白色 的，你 知道 这
Yú de hòubèi shì hēisè de, dìzi shì báisè de, nǐ zhīdao zhè

是 为 什么 吗？这 是 鱼 的 保护色。鱼 在 水 中
shì wèi shénme ma? Zhè shì yú de bǎohùsè. Yú zài shuǐ zhōng

生活， 有 很 多 敌人。这些 敌人 在 水 上边 的
shēnghuó, yǒu hěn duō dírén. Zhèxiē dírén zài shuǐ shàngbian de

时候， 向 下 看， 下边 是 黑色 的，鱼 后背 也 是 黑色
shíhòu, xiàng xià kàn, xiàbian shì hēisè de, yú hòubèi yě shì hēisè

的；这些 敌人 在 水 下边 的 时候， 向 上 看，鱼
de; zhèxiē dírén zài shuǐ xiàbian de shíhou, xiàng shàng kàn, yú

肚子 的 颜色 是 白色 的， 水 也 是 白色 的。鱼 用 这样
dùzi de yánsè shì báisè de, shuǐ yě shì báisè de. Yú yòng zhèyàng

的 保护色 保护 自己。
de bǎohùsè bǎohù zìjǐ.

语 法 Grammar

词 语 Words and Expressions

1."些"和"点儿" "些" and "点儿"

　　"些"跟"点儿"一样是不定量词。"些"只跟数词"一"连用。表示少量事物，如："一些学生"。"些"和"点儿"前的"一"有时可省略，如"买些书""有些红"等。"些"可跟"这、那、哪"等代词连用，如"这些票""那些人""哪些衣服"。

　　"些" and "点儿" are indefinite measure words. "些" is used only with the numeral "一" to indicate a small number, e.g. "一些学生". The "一" before "些" and "点儿" can be omitted, e.g. "买些书""有些红". "些" can go with such pronouns as "这"，"那"，"哪"，e.g. "这些票""那些人""哪些衣服".

2.副词"就"表示强调 Emphatic use of the adverb "就"

　　副词"就"常用来强调所说的内容,让对方确信无疑。如"不远就是中国银行。"

　　The adverb "就" is often used to emphasize what is being said to let the other party feel assured, e.g. "不远就是中国银行。"

3.方位词 Position words

　　方位词是表示方位、处所的名词。在句中,可以作主语、宾语、定语和中心语,不能作谓语和补语。

　　Position words are nouns that denote positions or places. In a sentence, such a word can act as the subject, object, attributive, or the center-word, but it can not be the predicate or complement.

单纯方位词	东	南	西	北	前	后	左	右	上	下	里	外
组合方位词	东边	南边	西边	北边	前边	后边	左边	右边	上边	下边	里边	外边

注意：方位词作定语修饰名词时,必须加"的",例如"左边的邮局""东边的商店"。

Note：When a position word functions as the attributive qualifying a noun, "的" must be added, e.g. "左边的邮局""东边的商店".

词　组　Phrases

1. 方位词组　Phrases of locality

(1) 由方位词作中心语组成的方位词组,可以表示处所,如"学校的前边""路南""楼上"。单纯方位词和前边的定语之间不能用"的",如"汽车上"不说"汽车的上"。组合方位词与前边的定语之间可以加"的",如"邮局的左边",有时"的"也可以省略,如"词典上边"。

Phrases of locality with a position word as the center-word can denote places, e. g. "学校的前边""路南""楼上". "的" can not be inserted between a single position word and its preceding attributive, e.g. "汽车上" can not be said as "汽车的上". However, "的" can be added between a compound position word and its preceding attributive, e.g. "邮局的左边". In this case "的" may also be omitted, e.g. "词典上边".

(2) 方位词词组的词序不可颠倒,否则意思就变了。例如：

The word order of a phrase of locality can not be inverted, or the meaning will be different, e.g.

邮局的前边(方位词组　phrase of locality)
前边的邮局(方位词作定语　position word as the attributive)

(3) 表人的名词、代词加上"这儿""那儿"时也可表示方位、处所,如"老师那儿""我们这儿"。

A noun or pronoun denoting a person, together with "这儿" or "那儿", can also denote a position or place, e.g. "老师那儿""我们这儿".

2. 介宾词组(3)　Preposition-object phrases (3)

(1) 介词"从"跟处所词语、方位词语、时间词语等构成介宾词组,用在动词前作状语,例如"从银行的东边走""从现在开始"。

A preposition-object phrase is composed of the preposition "从" and a word of locality, position or time, which functions as the adverbial before the verb, e.g. "从银行的东边走""从现在开始".

介词"从"常与"到、向"等配合使用,构成"从……向……""从……到……"格式,在句中作状语,表示方向的变化、时间或空间的起讫或位置的变动。例如:

The preposition "从" is frequently accompanied by "到" or "向" to form the pattern of "从……向……" or "从……到……", which functions as the adverbial in a sentence to indicate the change of direction, the start and end of time or space, or the change of position. For example,

> 从南向北(方向的变化　change of direction)
> 从北京到上海
> 从老师那儿到我们这儿 (空间的起点与终点　the start and end of space)
> 从星期一到星期五(时间的起点与终点　the start and end of time)

(2)介词"向"用于指示动作的方向,跟方位词组合,构成介宾词组作状语。例如"向右拐""向东走"。

The preposition "向" is used to indicate the direction of an action. Combined with a position word, it forms a preposition-object phrase which functions as an adverbial, e.g."向右拐""向东走".

(3)介词"离"用于表示两点之间的距离。

The preposition "离" indicates the distance between two points.

A."'离'+处所词语",构成介宾词组,在句中作状语,表示两点的距离。例如"香山离我们学校不远"。

"离" plus a word of locality form a preposition-object phrase, functioning as the adverbial in a sentence to indicate the distance between two points, e.g."香山离我们学校不远".

B."'离'+时间词语",构成介宾词组在句中作状语,表示两个时点间的时段,如"现在离10月1日还有三天"。

"离" plus a word of time form a preposition-object phrase, functioning as the adverbial in a sentence to indicate the length between two points of time, e.g."现在离10月1日还有三天".

句　型　Sentence Patterns

1."在""有""是"表示存在　"在","有" and "是" indicating existence

(1)动词"在"表示存在时,主语通常是所叙述的人或事物,宾语一定是表示方位或处所的词语。句型是：

In a sentence with the verb "在" indicating existence, the subject is the person or thing concerned and the object must be a word denoting a position or place. The sentence pattern is：

主　语	谓　语	
	动	处所宾语
医院	在	哪儿？
银行	在	邮局的前边。
张老师	在不在	你们那儿？
他	不在	我们这儿。

(2) 动词"有"表示存在，主语通常是表示处所或方位的词语，宾语是表存在的人或事物，而且，宾语一般是无定的。句型是：

In a sentence with the verb "有" indicating existence, the subject is usually a word denoting a position or place, and the object, a person or thing indicating existence. The object is generally indefinite. The sentence pattern is：

主　语	谓　语	
	动	宾
学校的南边	有	一个大商店。
这儿	有没有	咖啡馆？
我们那儿	没有	医院。
图书馆前边	有	很多人吗？

(3) 动词"是"表示存在时，主语是表示处所或方位的词语，宾语是表示断定的人或事物，所以宾语是有定的。句型是：

In a sentence with the verb "是" indicating existence, the subject is usually a word denoting a position or place, and the object, the asserted person or thing. Therefore, the object is definite. The sentence pattern is：

主　语	谓　语	
	动	宾
学校的东边	是	中国银行。
商店旁边	是	邮局。
图书馆后边	是不是	电影院？
陈卉的前边	不是	李秋。

2. 含疑问代词又用"吗"的问句

Questions with an interrogative pronoun and "吗"

这是一种双重疑问句。谓语主要动词是"知道、有、想"等能带动宾词组或主谓词组作宾语的词。句型是：

This is a double question. The main predicate verbs such as "知道", "有" and "想" can take verb-object phrases or subject-predicate phrases as its object. The sentence pattern is:

主　语	谓　语		"吗"
	动	宾　语	
你	知道	这是为什么	吗？
你们	知道	谁参加赵经理的婚礼	吗？

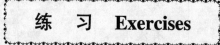

练　习　Exercises

一、按例用所给的词组成词组：

Make up phrases with the given words after each example:

1. 例　Example：楼→楼上

　　汽车　书　山　词典

2. 例　Example：银行→银行东边/西边/北边/南边/左边/右边/前边/后边

　　学校　饭馆儿　邮局　图书馆　医院　楼　房子

3. 例　Example：东→向东拐

　　西　南　北　左　右

4. 例 Example：上海—北京→从上海到北京

中国—美国　　日本—加拿大

西直门—王府井　山下—山上

2000 年—2005 年　一月—五月　10 号—26 号

5. 例 Example：从您　去（这儿/那儿）→ 从您这儿去

从我　去（这儿）　从他　来（那儿）　从他们　去（那儿）

从小张　去（这儿）　从老王　来（那儿）　从李爱华　去（这儿）

二、替换练习　Substitution drills：

1. 附近有商店吗？

邮局

医院

学校

图书馆

饭馆

2. 图书馆在学校的左边。

右边

前边

后边

东边

北边

3. 银行的后边是医院。

右边

前边

左边

东边

北边

三、看图回答问题　Answer the following questions according to the picture：

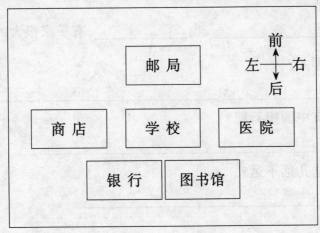

1. 邮局在哪儿？

2. 学校的前边有银行吗？

3. 银行的旁边是什么？

4. 商店在哪儿？

5. 学校的右边是什么？

6. 学校附近有商店吗？

四、根据课文一判别正误：

Decide whether the statements are right or wrong according to Text 1:

1. 李爱华很喜欢这套房子。　　　　　　　　　　　（　　）

2. 附近没有商店、邮局、银行。　　　　　　　　　（　　）

3. 离这儿500米有一家很大的商店。　　　　　　　（　　）

4. 附近有很多饭馆儿。　　　　　　　　　　　　　（　　）

5. 饭馆儿都在东边，西边没有。　　　　　　　　　（　　）

6. 从这儿去邮局不用拐弯。　　　　　　　　　　　（　　）

7. 中国银行离这儿很远。　　　　　　　　　　　　（　　）

8. 附近也有学校、图书馆和汽车站。　　　　　　　（　　）

9. 李爱华租这套房子。　　　　　　　　　　　　　（　　）

五、模仿课文一完成对话　Complete the dialogues after Text 1:

1. A：附近有没有商店、邮局、银行？

   B：附近_____。

   A：有大商店吗？

   B：有，向_____，向_____，有一家很大的商店。

2. A：邮局在哪儿？

   B：_____。

   A：附近也有中国银行吧？

   B：当然有，_____。

   A：医院离这儿远不远？

   B：_____。

六、根据课文二回答问题　**Answer the questions based on Text 2:**

　　1. 鱼的后背是什么颜色的?

　　2. 鱼的肚子是什么颜色的?

　　3. 鱼有没有敌人?

　　4. 这些敌人向下看,下边是什么颜色?

　　5. 这些敌人向上看,上边是什么颜色?

　　6. 为什么鱼的后背是黑色的,肚子是白色的?

七、用下列词语复述课文二　**Retell Text 2 with the given words:**

　　后背　　肚子　　保护色　　　敌人　　上边

　　向下　　下边　　向上　　　　保护

八、情景会话:"租房子",用上下列词语:

Situational dialogue: Rent a house, using the following words:

　　前(边)　后(边)　左(边)　右(边)

　　东(边)　西(边)　南(边)　北(边)

　　租　房子　有　银行　商店　邮局　远　近　附近

第十一课 Lesson 11 我正看电视呢

生 词 New Words

1. 正在	（副）	zhèngzài	now
正	（副）	zhèng	just
在	（副）	zài	at
2. 播放	（动）	bōfàng	to broadcast
3. 天气	（名）	tiānqì	weather
4. 预报	（动、名）	yùbào	to forecast; forecast
5. 晴天	（名）	qíngtiān	fine day
晴	（形）	qíng	fine
6. 最	（副）	zuì	most
7. 高	（形）	gāo	high
8. 气温	（名）	qìwēn	temperature
9. 度	（量、名）	dù	(*measure word*)degree
10. 低	（形）	dī	low
11. 热	（形）	rè	hot
12. 外边	（名）	wàibian	outside
外	（名）	wài	out
13. 刮风		guā fēng	to blow
风	（名）	fēng	wind
14. 春天	（名）	chūntiān	spring
春	（名）	chūn	spring
15. 夏天	（名）	xiàtiān	summer
夏	（名）	xià	summer

16.	秋天	（名）	qiūtiān	autumn
	秋	（名）	qiū	autumn
17.	冬天	（名）	dōngtiān	winter
	冬	（名）	dōng	winter
18.	季节	（名）	jìjié	season
	季	（名）	jì	season
19.	下雨		xià yǔ	to rain
	雨	（名）	yǔ	rain
20.	阴天	（名）	yīntiān	cloudy day
	阴	（形）	yīn	overcast
21.	下雪		xià xuě	to snow
	雪	（名）	xuě	snow
22.	公司	（名）	gōngsī	company
23.	提升	（动）	tíshēng	to promote
24.	老板	（名）	lǎobǎn	boss
25.	集市	（名）	jíshì	market
26.	土豆	（名）	tǔdòu	potato
27.	斤	（量）	jīn	(*measure word*) *jin* (= 1/2 *kg*.)
28.	西红柿	（名）	xīhóngshì	tomato
29.	一共	（副）	yígòng	together
30.	里	（名）	lǐ	in
	里边	（名）	lǐbian	inside

词　组　Phrases

最： 最高　最好　最低　最舒服　最漂亮　最冷　最流行
　　最快　最喜欢

一直：一直工作　一直游泳　一直学习　一直锻炼　一直很忙
　　　一直不舒服

很少：很少去　很少跳舞　很少钓鱼　很少打球　很少喝啤酒
　　　很少看电影

以后：参观以后　工作以后　开演以后　一年以后　星期三以后
　　　半小时以后

课　文　Texts

课文一　Text 1

(李爱华来，陈卉去开门　Li Aihua comes and Chen Hui goes to open the door)

李 爱华：　陈　卉，你　好！
Lǐ Àihuá：　Chén Huì, nǐ hǎo!

陈　　卉：　爱华，请　进。
Chén Huì：　Àihuá, qǐng jìn.

李 爱华：　你　做　什么　呢？
Lǐ Àihuá：　Nǐ zuò shénme ne?

陈　　卉：　我　正　看　电视
Chén Huì：　Wǒ zhèng kàn diànshì

　　　　　呢，电视　正在　播放　天气　预报。
　　　　　ne, diànshì zhèngzài bōfàng tiānqì yùbào.

李 爱华：　明天　　的　天气　怎么样？
Lǐ Àihuá：　Míngtiān de tiānqì zěnmeyàng?

陈　　卉：　明天　　晴天，最　高　气温　18　度，最　低 10
Chén Huì：　Míngtiān qíngtiān, zuì gāo qìwēn shíbā dù, zuì dī shí

　　　　　度，不　冷　也　不　热。
　　　　　dù, bù lěng yě bú rè.

李 爱华：　我　来　的　时候，外边　正在　刮　风　呢。
Lǐ Àihuá：　Wǒ lái de shíhou, wàibian zhèngzài guā fēng ne.

　　　　　北京　常常　刮　风　吗？
　　　　　Běijīng chángcháng guā fēng ma?

陈　卉：北京　一年　有　春、夏、秋、冬　四个　季节，
Chén Huì：Běijīng yì nián yǒu chūn、xià、qiū、dōng sì ge jìjié,

　　　　春天　和　冬天　　常常　　刮风。
　　　　chūntiān hé dōngtiān chángcháng guā fēng.

李爱华：春天　　下雨不多吧？这几天一直没下
Lǐ Àihuá：Chūntiān xià yǔ bù duō ba? Zhè jǐ tiān yìzhí méi xià

　　　　雨。
　　　　yǔ.

陈　卉：是的，春天　很　少　下雨。
Chén Huì：Shì de, chūntiān hěn shǎo xià yǔ.

李爱华：夏天　热不热？
Lǐ Àihuá：Xiàtiān rè bu rè?

陈　卉：夏天　很热，7月是最热的时候，气温
Chén Huì：Xiàtiān hěn rè, qīyuè shì zuì rè deshíhou, qìwēn

　　　　常常　　　30　多度。
　　　　chángcháng sānshí duō dù.

李爱华：秋天　呢？
Lǐ Àihuá：Qiūtiān ne?

陈　卉：秋天　是最好的季节，阴天下雨的　时候
Chén Huì：Qiūtiān shì zuì hǎo de jìjié, yīntiān xià yǔ de shíhou

　　　　很少，人们　都喜欢　秋天。
　　　　hěn shǎo, rénmen dōu xǐhuan qiūtiān.

李爱华：北京　冬天　下雪吗？
Lǐ Àihuá：Běijīng dōngtiān xià xuě ma?

陈　卉：北京　的　冬天　下雪，可是不太多。
Chén Huì：Běijīng de dōngtiān xià xuě, kěshì bú tài duō.

课文二　Text 2

小　张　和　小李　在一家　公司　工作，小　张
Xiǎo Zhāng hé Xiǎo Lǐ zài yì jiā gōngsī gōngzuò, Xiǎo Zhāng

提升 得 很 快， 可是 小 李一直 没有 提升。 小 李
tíshēng de hěn kuài, kěshì Xiǎo Lǐ yìzhí méiyǒu tíshēng. Xiǎo Lǐ

问 老板 这 是 为 什么。 老板 让 小 李去 南边
wèn lǎobǎn zhè shì wèi shénme. Lǎobǎn ràng Xiǎo Lǐ qù nánbian

的 集市， 让 小 张 去 北边 的 集市， 看看 正在
de jíshì, ràng Xiǎo Zhāng qù běibian de jíshì, kànkan zhèngzài

卖 什么。 两 个 人 回来 以后， 小 李 说："南边 的
mài shénme. Liǎng ge rén huílai yǐhòu, Xiǎo Lǐ shuō: "Nánbian de

集市 只 有 一个 人，他 正在 卖 土豆。" 老板 问："一
jíshì zhǐ yǒu yí ge rén, tā zhèngzài mài tǔdòu." Lǎobǎn wèn: "Yì

斤 多少 钱？ 有 多少 斤？" 小 李 都 不 知道。
jīn duōshao qián? Yǒu duōshao jīn?" Xiǎo Lǐ dōu bù zhīdào.

老板 问 小 张： "北边 的 集市 呢？" 小 张 说：
Lǎobǎn wèn Xiǎo Zhāng: "Běibian de jíshì ne?" Xiǎo Zhāng shuō:

"北边 的 集市也 只 有 一个 人，他 在 卖 西红柿，一 斤
"Běibian de jíshì yě zhǐ yǒu yí ge rén, tā zài mài xīhóngshì, yì jīn

两 块 钱， 一共 有 300 斤。他 明天 还 来 卖，他
liǎng kuài qián, yígòng yǒu sānbǎi jīn. Tā míngtiān hái lái mài, tā

家里 还 有 很 多。" 老板 问 小 李："你 自己 说，
jiā li hái yǒu hěn duō." Lǎobǎn wèn Xiǎo Lǐ: "Nǐ zìjǐ shuō,

· 112 ·

提升 你 还是 提升 他?"
tíshēng nǐ háishi tíshēng tā?"

语 法 Grammar

词 语 Words and Expressions

1.“呢” The modal particle “呢”

“呢”用在陈述句的末尾,表示动作行为正在进行,常与副词“在、正、正在”等相搭配。如“他在上课呢”“我正看电视呢”。

Used at the end of a declarative sentence,“呢” indicates an action in progress, often accompanied by adverbs like “在”“正” and “正在”, e.g.“他在上课呢”“我正看电视呢”.

2.“几”表示概数 “几” indicating an approximate number

“几”用于陈述句,表示不确定的数目,如“这几天”。

“几” is used in declarative sentences indicating an indefinite number, e.g.“这几天”.

3.副词“最” The adverb “最”

副词“最”用于跟同类情形相比较,超过其余,达到极点。如“7 月是最热的时候。”

The adverb “最” is used in comparison with the similar cases, meaning the extremity that exceeds the rest, e.g.“7 月是最热的时候。”

词 组 Phrases

1.状中词组(4) The adverbial + center-word phrases (4)

时间副词“在、正、正在”作状语,表示动作行为的进行,与后面的动词构成状中词组,在句中主要充当谓语。例如:

As adverbials, the time adverb “在”“正” or “正在” indicates an action in progress, which forms an adverbial + center-word phrase with the following verb, mainly functioning as the predicate in a sentence, e.g.

动作行为	动作行为的进行
看电视(动宾词组)	在看电视(状中词组)
打网球(动宾词组)	正打网球(状中词组)
写汉字(动宾词组)	正在写汉字(状中词组)

2. 复指词组 Dual-reference phrases

两个词或词组指同一事物或同一个人,构成复指词组,在句中主要充当主语、宾语。例如:

A dual-reference phrase is composed of two words or phrases referring to the same thing or person, which mainly functions as the subject or object of a sentence. For example:

赵长乐经理

春、夏、秋、冬四个季节

句 型 Sentence Patterns

1. 动作的进行态 The progressive aspect of an action

由"在"和"正、正在"与后面的动词构成的状中词组,都表示某动作处在进行态。但在句中所表达的意义和用法还有一定的区别:

An Adverbial + center-word phrase with the predicative verb preceded with "在", "正" or "正在" indicates that an action is in progress. However, there are some differences in the meanings and usages of the words.

(1)由副词"在"构成的状中词组作谓语。"在"表示动作行为进行的进程,有一定的延续性,因此可以跟表持续时间的副词"一直、常常、还"等配合使用。

An adverbial + center-word phrase with the adverb "在" functioning as the predicate. "在" indicates the progress of an action which implies continuity, therefore it can go with adverbs like "一直", "常常" and "还", which indicate the duration of time.

句型 1   Sentence pattern 1:

主　语	谓　语		"呢"
	状　语	状 动 词组	
他们		在看电视。	
张老师		在上课	呢。
李爱华	一直	在学习汉语。	
赵经理	还	在工作	呢。

(2) 由副词"正""正在"构成的状中词组作谓语。"正"与"正在"强调动作进行的时刻。使用这种句型往往需要另一动作行为的时间作参照。

An adverbial + center-word phrase with the adverb "正" or "正在" functioning as the predicate. "正" or "正在" emphasize the moment when an action is taken. To use such a sentence pattern, it is usually necessary to cite the time of another action as a reference.

句型 2　Sentence pattern 2:

状　语	主语	谓　语	"呢"
		状 动 词组	
陈卉来的时候，	李爱华	正看天气预报	呢。
小张到集市的时候，	商店	正在卖西红柿	

(3) 进行态的否定形式用"没有"。如：

The progressive aspect is made negative by adding "没有", e.g.

他们在打乒乓球吗？

——没有,他们打网球呢。

——他们没打乒乓球,他们打太极拳呢。

2．无主语兼语句　Pivotal sentences without a subject

句中省略或无须说出主语,谓语由动词"有"构成的兼语词组充当。句型是：

In such sentences the subject is either omitted or unnecessary. The predicate is a pivotal phrase with "有". The sentence pattern is:

主 语	谓 语		
	动₁	兼语	动₂
	有	人	找你。
	有	一个人	正在卖西红柿。

练 习 Exercises

一、按例用所给词语组成词组：

Make up phrases with the given words after each example:

1．例　Example：看电视→正看电视呢

　　　　　　　　→在看电视呢

　　　　　　　　→正在看电视呢

　　学习　　跑步　　　写信　　打电话　喝咖啡　吃面包

　　穿衣服　打太极拳　开罚单　等车

2．例　Example：经理　赵长乐→赵长乐经理

　　同学　李爱华　　老板　王文　　　　老师　张春

　　小姐　陈卉　　　大夫　李东风

二、替换练习　Substitution drills:

1．他来找我的时候，我正看电视呢。

　　　　　　　　写汉字

　　　　　　　　做练习

　　　　　　　　做饭

　　　　　　　　学外语

　　　　　　　　喝啤酒

2．A：他做什么呢？

　　B：他在卖西红柿。

　　　　跳舞

　　　　看电视

　　　　练武术

　　　　回答问题

　　　　打网球

3．我上班的时候，他正在卖土豆。

　　　　　　　　吃点心

　　　　　　　　跑步

　　　　　　　　锻炼身体

　　　　　　　　钓鱼

　　　　　　　　喝茶

三、仿照例句,用所给的词语造句:

Make up sentences with the given words after the example:

例　Example:打电话→我打电话呢。

学习　跑步　做练习　喝咖啡　吃面包　穿衣服

打太极拳　做体操　　看天气预报

四、用"正""正在""在"或"呢"完成句子:

Complete the following sentences with "正" "正在" "在" or "呢":

1. 他来我家的时候,我_____。
2. 他们上班的时候,你们_____。
3. 李秋游泳的时候,李爱华_____。
4. 小张去集市的时候,有人_____。
5. 上班的时候,有一位先生_____。
6. 约翰开快车的时候,警察_____。

五、根据课文一的内容判断正误:

Decide whether the statements are right or wrong according to Text 1:

1. 李爱华正在看电视。　　　　　　　　　(　　)
2. 陈卉正在看电视。　　　　　　　　　　(　　)
3. 电视正在播放天气预报。　　　　　　　(　　)
4. 明天很热。　　　　　　　　　　　　　(　　)
5. 北京一年有四个季节。　　　　　　　　(　　)
6. 北京春天常常下雨。　　　　　　　　　(　　)
7. 北京夏天不热。　　　　　　　　　　　(　　)
8. 秋天是最好的季节,阴天下雨的时候很少。(　　)
9. 秋天阴天的时候很多。　　　　　　　　(　　)
10. 北京的冬天很少下雪。　　　　　　　　(　　)

六、模仿课文一完成对话　**Complete the dialogues based on Text 1:**

1. A:你做什么呢?
   B:我_____,电视_____。
   A:明天的天气怎么样?
   B:明天 _____。
   A:我来的时候,外边_____,北京常常刮风吗?
   B:北京一年_____。

2. A：夏天热不热？

　　B：_____。

　　A：_____？

　　B：秋天是最好的季节，_____。

七、根据课文二回答问题　Answer the questions based on Text 2：

　　1. 小张和小李在哪儿工作？

　　2. 小张提升得快吗？小李呢？

　　3. 小李找老板做什么？

　　4. 老板让小李去哪儿？

　　5. 老板让小张去哪儿？

　　6. 南边的集市正在卖什么？

　　7. 土豆一斤多少钱？

　　8. 北边的集市正在卖什么？

　　9. 西红柿一斤多少钱？

　　10. 小张和小李谁工作好？

八、根据下列提示词语复述课文二　Retell Text 2 with the given words：

　　公司　　提升　　为什么　让　集市　卖土豆

　　多少钱　西红柿　明白

九、情景会话："谈天气"，用上下列词语：

Situational dialogue：Talk about the weather，using the given words：

　　播放　天气　晴天　最高气温　最低气温

　　春　夏　秋　冬　刮风　下雨　下雪

第十二课 Lesson 12 我要去上海

1. 出差		chū chāi	be on a business trip
2. 跟	(介)	gēn	with
3. 火车	(名)	huǒchē	train
4. 能	(能动)	néng	can; to be able to
5. 得	(能动)	děi	to have to
6. 上课		shàng kè	attend class
7. 可以	(能动)	kěyǐ	may
8. 会议	(名)	huìyì	meeting
会	(名)	huì	meeting
9. 来不及		láibují	be unable to do sth. in time
10. 来得及		láidejí	be able to do sth. in time
11. 飞机	(名)	fēijī	plane
12. 愿意	(能动)	yuànyì	to be willing
13. 最近	(名)	zuìjìn	recently
14. 应该	(能动)	yīnggāi	should
15. 早	(形)	zǎo	early
16. 准备	(动)	zhǔnbèi	to prepare
17. 会	(动、能动)	huì	to be able to; may
18. 话	(名)	huà	language
19. 晚	(形)	wǎn	late
20. 到处	(副)	dàochù	everywhere
21. 终于	(副)	zhōngyú	at last
22. 发现	(动、名)	fāxiàn	to find; finding
23. 房东	(名)	fángdōng	landlord

24. 听	（动）	tīng	to hear
25. 失望	（形）	shīwàng	disappointed
26. 忽然	（副）	hūrán	suddenly
27. 大声		dà shēng	loud voice
28. 哈哈	（象声）	hāhā	ha-ha
29. 笑	（动）	xiào	to laugh

词　组　Phrases

1. 参加：　参加会议　参加工作　参加婚礼　参加运动
2. 来不及：来不及看　来不及说　来不及问　来不及介绍
　　　　来不及参观　来不及换钱　来不及写信　来不及喝水
3. 准备：　准备汽车　准备词典　准备钱　准备参观　准备介绍
　　　　准备招聘　准备做饭　准备结婚　准备租房子
4. 立刻：　立刻来　立刻去　立刻看　立刻说　立刻走
　　　　立刻停车　立刻举行　立刻还钱
5. 话：　　说话　说上海话　说北京话　说很多话

课　文　Texts

课 文 一　Text 1

陈　　卉：爱华，星期五　我要　去　上海　出　差。
Chén Huì: Àihuá, xīngqīwǔ wǒ yào qù Shànghǎi chū chāi.

李 爱华：我 也　想　去上海，　我　跟 你一起去 吧?
Lǐ Àihuá: Wǒ yě xiǎng qù Shànghǎi, wǒ gēn nǐ yìqǐ qù ba?

陈　　卉：星期五　下午 的　火车，你　能　走　吗?
Chén Huì: Xīngqīwǔ xiàwǔ de huǒchē, nǐ néng zǒu ma?

李 爱华：不　行，星期五　下午 我　得　上　课。星期六
Lǐ Àihuá: Bù xíng, xīngqīwǔ xiàwǔ wǒ děi shàng kè. Xīngqīliù

可以。
kěyǐ.

陈　卉：我　要　参加 星期日 的 会议，星期六　走　来不及。
Chén Huì：Wǒ yào cānjiā xīngqīrì de huìyì, xīngqīliù zǒu láibují.

李 爱华：来得及，坐 飞机 去。
Lǐ Àihuá：Láidejí, zuò fēijī qù.

陈　卉：我　也　愿意　坐　飞机，可是　最近 飞机票 很　难
Chén Huì：Wǒ yě yuànyì zuò fēijī, kěshì zuìjìn fēijīpiào hěn nán
　　　　买。
　　　　mǎi.

李 爱华：星期五　　晚上　　坐　火车　走，行　吗？
Lǐ Àihuá：Xīngqīwǔ wǎnshang zuò huǒchē zǒu, xíng ma?

陈　卉：星期五　　晚上　　走？我　得　问问　赵　经理，
Chén Huì：Xīngqīwǔ wǎnshang zǒu? Wǒ děi wènwen Zhào jīnglǐ,
　　　　他 也 去。
　　　　tā yě qù.

(打电话　On the phone)

陈　卉：赵　经理，我们　星期五　　晚上　　走，可以 吗？
Chén Huì：Zhào jīnglǐ, wǒmen xīngqīwǔ wǎnshang zǒu, kěyǐ ma?

赵　经理：不　行，我们　应该 早 点儿 去，先 做 一点儿
Zhào jīnglǐ：Bù xíng, wǒmen yīnggāi zǎo diǎnr qù, xiān zuò yìdiǎnr
　　　　准备。
　　　　zhǔnbèi.

陈　卉：是　这样，爱华
Chén Huì：Shì zhèyàng, Àihuá
　　　　也　想　去　上海，
　　　　yě xiǎng qù Shànghǎi,
　　　　他 不 会　说
　　　　tā bú huì shuō
　　　　上海话，　　想
　　　　Shànghǎihuà, xiǎng

跟　我们　一起　去。
gēn wǒmen yìqǐ qù.

赵　　经理：他　星期五　下午　不　能　走　吗？
Zhào jīnglǐ: Tā xīngqīwǔ xiàwǔ bù néng zǒu ma?

陈　　卉：他　星期五　下午　有　课。
Chén Huì: Tā xīngqīwǔ xiàwǔ yǒu kè.

赵　　经理：这样　吧，我　一个　人　下午　先　去，你　跟
Zhào jīnglǐ: Zhèyàng ba, wǒ yí ge rén xiàwǔ xiān qù, nǐ gēn

爱华　晚　点儿　走。
Àihuá wǎn diǎnr zǒu.

课文二　Text 2

　　一　对　夫妻　要　租　房子，可是　那　时候　租　房子　很　难，
　　Yí duì fūqī yào zū fángzi, kěshì nà shíhou zū fángzi hěn nán,
他们　到处　找，　终于　发现　一　家　愿意　出租　房子　的
tāmen dàochù zhǎo, zhōngyú fāxiàn yì jiā yuànyì chūzū fángzi de
人。他们　问："我们　可以　租　您　的　房子　吗？"　房东
rén. Tāmen wèn: "Wǒmen kěyǐ zū nín de fángzi ma?" Fángdōng

看 他们 有 一 个 五 岁 的 孩子， 说： "你们 有 孩子，
kàn tāmen yǒu yí ge wǔ suì de háizi, shuō: "Nǐmen yǒu háizi,

我 不 想 出租。" 这 对 夫妻 听 后 很 失望。 忽然，
wǒ bù xiǎng chūzū." Zhè duì fūqī tīng hòu hěn shīwàng. Hūrán,

那 五 岁 的 孩子 大 声 说： "我 能 不 能 租？ 我
nà wǔ suì de háizi dà shēng shuō: "Wǒ néng bu néng zū? Wǒ

没有 孩子，只 有 父母。" 房东 听 后， 哈哈 大 笑，
méiyǒu háizi, zhǐ yǒu fùmǔ." Fángdōng tīng hòu, hāhā dà xiào,

立刻 说： "可以，可以。"
lìkè shuō: "Kěyǐ, kěyǐ."

语 法 Grammar

词 语 Words and Expressions

"来得及" There's still time (to do sth.)

"来得及"表示还有时间做某事,只能带动词性宾语。否定形式是"来不及"。

"来得及" means there is still time to do something. It can only take a verbal object. The negative form is "来不及".

词 组 Phrases

1. 动宾词组(2) Verb-object phrases (2)

能愿动词是动词的一类。它只能带动词性词语、形容词性词语、主谓词组作宾语。能愿动词构成的动宾词组,在句中主要充当谓语。

Optative verbs are a group of verbs that can take only verbs or verbal phrases, adjectives or adjective phrases, or subject-predicate phrases as the object. Verb-object phrases composed of such verbs mainly act as the predicate in a sentence.

（1）"想"

"想+名","想"是动词。"想+动","想"是能愿动词,有打算、希望的意思。例如"想去上海"。

"想" is a verb in "想 + noun". It is an optative verb in "想 + verb", meaning to plan or wish, e.g. "想去上海".

(2) "要"

"要 + 名", "要"是动词。"要 + 动", "要"是能愿动词。

"要" is a verb in "要 + noun". It is an optative verb in "要 + verb".

A. 能愿动词"要"用于强调意志方面的要求。例如"要租房子"。

The optative verb "要" stresses one's strong will to do something, e.g. "要租房子".

这种"要"的否定一般用"不想",而不说"不要"。

The negative form of "要" is "不想" instead of "不要".

B. 能愿动词"要"还用来表示"需要"和"应该"的意思。例如"要做一点儿准备工作"。

The optative verb "要" also means "need" or "should", e.g. "要做一点儿准备工作".

(3) "会"

"会 + 名", "会"是动词。"会 + 动", "会"是能愿动词。

"会" is a verb in "会 + noun". It is an optative verb in "会 + verb".

A. 能愿动词"会"表示经过学习掌握一种技能。例如"会说上海话"。

The optative verb "会" means to master a skill through learning, e.g. "会说上海话".

B. 能愿动词"会",常用于表示将发生的客观可能性。例如"会下雨"。

The optative verb "会" often expresses an objective possibility that is likely to be realized, e.g. "会下雨".

(4) 能愿动词"能"和"可以"   The optative verbs "能" and "可以"

A. "能"和"可以"表示有做某事的能力。例如"能说汉语"。

"能" and "可以" express the ability to do something, e.g. "能说汉语".

B. "能"和"可以"表示环境或情理上许可。例如:

"能"and "可以"mean circumstances permitting or reasons allowing, e.g.

可以租你的房子

能晚上走

能愿动词"能"和"可以"的否定形式通常都说"不能"。

The negative form of both "能" and "可以" is "不能".

(5) 能愿动词"应该"和"得"　The optative verbs "应该" and "得"

"应该"表示情理或事实上必须如此;"得"表示情理或事实上的需要。

"应该"indicates moral or factual obligation; and "得", the need arising from such necessity.

二者的词义和用法大致相同。例如:

They are similar in meaning and usage, e.g.

应该早点儿去

得问问赵经理

但"应该"有否定形式——"不应该","得"没有否定形式,否定时用"不行"或其他否定词语;"应该"可以单独回答问题,例如:

However, "应该" has a negative form —— "不应该", while "得" has not, and it is negated with "不行" or other negative words. "应该" can be used separately to answer a question, e.g.

我们应该去吗?

——应该。

"得"不能单独使用。

"得" can not be used separately.

(6) 能愿动词"愿意"多用于强调意愿。例如"愿意出租房子"。

The optative verb "愿意" is mostly used to stress a wish, e.g. "愿意出租房子".

2. 介宾词组(4)　Preposition-object phrases (4)

介词"跟"引出动作行为的参与者或共事者,构成介宾词组,常与"一起"搭配使用,在句中作状语。例如:

The preposition "跟" introduces the participant or collaborator of an action, forming a preposition-object phrase, which is often used together with "一起", and functions as the adverbial in a sentence, e.g.

(1) 跟我们去上海。

(2) 孩子跟父母一起坐飞机。

句　型　Sentence Patterns

带能愿动词的句子　Sentences with an optative verb

由能愿动词构成的动宾词组充当谓语,句型是:

The predicate of such a sentence is a verb-object phrase composed of an optative verb. The sentence pattern is:

主　语	谓　语		
	状　语	能　动	宾　语
陈卉	星期五	要	去上海出差。
李爱华	也	想	跟他们去上海。
他	不	会	说上海话。
我	下午不	能	走。
他	不	愿意	一个人走。
他	还	得	上课。
他们		可以	租我的房子。
她		应该	很高兴。
今天	不	会	下雨。

疑问句型是　The question pattern is:

主　语	谓　语			"吗"
	状　语	能　动	宾　语	
你	星期五下午	能	跟我们一起走	吗?
陈卉		会不会	开车?	
他		可以不可以	租你的房子?	

注意　Notes:

(1) 能愿动词不能重叠。

Optative verbs can not be reduplicated.

(2) 能愿动词一般用"不"否定。

Optative verbs are usually negated by "不".

(3) 能愿动词的宾语不能是名词或代词。

The object of an optative verb can not be a noun or pronoun.

练 习 Exercises

一、按例用所给的词组成词组：

Make up phrases with the given words after each example：

1. 例　Example：来→想来/要来/能来/得来/可以来/愿意来

　　介绍　　回答　　停车　　吃　　喝　　买

　　游泳　　结婚　　跳舞　　穿　　租

2. 例　Example：来→会来

　　去　　回来　　下雨　　刮风　　下雪　　很热

3. 例　Example：说上海话→会说上海话

　　说外语　　说汉语　　游泳　　跳舞　　做饭　　开汽车　　打太极拳

二、替换练习　**Substitution drills：**

1. 我要去上海。
　　　　回家
　　　　买电视
　　　　换钱
　　　　吃烤鸭
　　　　锻炼身体

2. 星期五下午我得上课。
　　　　　　　　工作
　　　　　　　　学习
　　　　　　　　上班
　　　　　　　　去医院

3. 我愿意坐飞机。
　　　　跑步
　　　　做体操
　　　　坐火车
　　　　学武术
　　　　去美国

4. 我们可以租您的房子吗？
　　　　　　换钱
　　　　　　参观
　　　　　　应聘
　　　　　　喝啤酒
　　　　　　打电话

三、选择合适的能愿动词填空：

Fill in the blanks with appropriate optative verbs：

星期五陈卉和赵经理＿＿＿去上海出差,李爱华也＿＿＿去上海,他＿＿＿跟陈卉一起去,可是,陈卉和赵经理____下午走,李爱华下午____上课,不____走。陈卉问赵经理,晚上走____吗。赵经理自己不____晚上走,可以让陈卉晚上走。

四、根据课文一选择正确答案：

Choose a correct answer to each of the following questions according to Text 1：

1. 谁星期五下午要去上海出差？（   ）

　　A.李爱华　　　　　　　　B.陈卉　　　　　　　　C.李秋

2. 李爱华星期五下午为什么不能走？（   ）

　　A.他得上课　　　　　　　B.没有火车票　　　　　C.他不愿意下午走

3. 陈卉要参加什么时候的会议？（   ）

　　A.星期五　　　　　　　　B.星期六　　　　　　　C.星期日

4. 陈卉星期六走来得及吗？（   ）

　　A.坐火车来得及　　　　B.坐飞机来得及　　　　C.坐火车和坐飞机都来不及

5. 赵经理和陈卉为什么要早点儿去？（   ）

　　A.要先做一点儿准备　　B.要休息　　　　　　　C.不想跟李爱华一起走

6. 李爱华会说上海话吗？（   ）

　　A.会　　　　　　　　　　B.不会　　　　　　　　C.会一点儿

7. 赵经理什么时候走？（   ）

　　A.星期五下午　　　　　　B.星期五晚上　　　　　C.星期六

8. 陈卉和李爱华跟赵经理一起走吗？（   ）

　　A.他们跟赵经理一起走　　　B.他们早一点儿走

　　C.他们晚一点儿走

五、模仿课文一完成下列对话　Complete the dialogues after Text 1：

1. A：星期五我_____。

　　B：_____,我跟你一起去吧。

　　A：星期五下午的火车,_____?

　　B：不行,_____。

2. A：我星期六可以走,星期六走好吗？

　　B：_____,星期六走来不及。

A：_____,坐飞机去。

B：_____,可是最近飞机票很难买。

六、根据课文二判断正误：

Decide whether the statements are right or wrong according to Text 2：

1. 一对夫妻要买房子。　　　　　　　　　　　　　　（　　）
2. 那时候租房子很容易。　　　　　　　　　　　　　（　　）
3. 他们终于发现一家愿意出租房子的人。　　　　　（　　）
4. 这对夫妻有一个五岁的孩子。　　　　　　　　　（　　）
5. 房东说,他们有孩子,所以不想出租。　　　　　（　　）
6. 这对夫妻不能租房子,很失望。　　　　　　　　（　　）
7. 他们的孩子说,他想租房子。　　　　　　　　　（　　）
8. 房东听后也不愿意出租房子。　　　　　　　　　（　　）

七、根据下列提示词语复述课文二　**Retell Text 2 with the given words：**

夫妻　　租房子　　到处　　愿意　　可以　　孩子
失望　　能不能　　大笑　　可以

八、情景会话："谈旅游计划",用上下列词语：

Situational dialogue：Talk about your travel plan with the given words：

要　想　能　可以　愿意　得　星期　火车
飞机　来得及　来不及

第十三课　Lesson 13　你怎么才来

生　词　New Words

1. 才	（副）	cái	only; just
2. 祝	（动）	zhù	to congratulate
3. 快乐	（形）	kuàilè	happy
4. 堵车		dǔ chē	traffic jam
堵	（动）	dǔ	to block
5. 出发	（动）	chūfā	to start off
6. 了	（助）	le	*modal particle*
7. 礼物	（名）	lǐwù	gift
8. 晚会	（名）	wǎnhuì	evening party
9. 唱	（动）	chàng	to sing
10. 歌	（名）	gē	song
11. 健康	（形）	jiànkāng	healthy
12. 幸福	（形）	xìngfú	happy
13. 切	（动）	qiē	to cut
14. 蛋糕	（名）	dàngāo	cake
15. 把	（介）	bǎ	*preposition*
16. 刀	（名）	dāo	knife
17. 洗	（动）	xǐ	to wash
18. 送	（动）	sòng	to give
19. 照相机	（名）	zhàoxiàngjī	camera
照相		zhào xiàng	to photograph
20. 河边	（名）	hébiān	riverside
河	（名）	hé	river
21. 散步		sàn bù	take a walk

22. 条	（量）	tiáo	*measure word*
23. 肥	（形）	féi	fat
24. 放	（动）	fàng	to let go
25. 次	（量）	cì	(*measure word*) time
26. 因为	（连）	yīnwei	because
27. 锅	（名）	guō	pot, pan

词 组 Phrases

1. 祝： 祝大家快乐　祝朋友们身体健康　祝你幸福
   祝同学们学习好

2. 唱： 唱歌　喜欢唱歌　会唱歌　唱一个歌　唱生日歌

3. 送： 送钱　送礼物　送她一条项链　送孩子们点心
   送我一本词典

4. 照相：喜欢照相　会照相　照一张相　照很多相

课 文 Texts

课 文 一　Text 1

（李爱华参加陈卉的生日晚会　Li Aihua at Chen Hui's birthday party）

陈　　卉：请　进！
Chén Huì：Qǐng jìn!

李 爱 华：陈　卉，祝 你 生日　快乐！
Lǐ Àihuá：Chén Huì, zhù nǐ shēngri kuàilè!

陈　　卉：谢谢！
Chén Huì：Xièxie!

李 秋： 你 怎么 才 来？
Lǐ Qiū： Nǐ zěnme cái lái?

· 131 ·

李 爱 华： 路 上 堵车， 北京 的 车 真 多， 我 五 点
Lǐ Àihuá： Lù shang dǔ chē, Běijīng de chē zhēn duō, wǒ wǔ diǎn

半 就 出发 了， 现在 才 到。
bàn jiù chūfā le, xiànzài cái dào.

李 秋： 大家 早 就 来 了， 你 应该 五 点 出发。
Lǐ Qiū： Dàjiā zǎo jiù lái le, nǐ yīnggāi wǔ diǎn chūfā.

李 爱 华： 对不起， 对不起！ 陈 卉， 这 是 给 你 的 礼物。
Lǐ Àihuá： Duìbuqǐ, duìbuqǐ! Chén Huì, zhè shì gěi nǐ de lǐwù.

陈 卉： 真 漂亮， 谢谢！
Chén Huì： Zhēn piàoliang, xièxie!

李 秋： 好， 人 都 到 了，
Lǐ Qiū： Hǎo, rén dōu dào, le,

晚会 开始 吧。
wǎnhuì kāishǐ ba.

李 爱 华： 先 唱 生日歌。
Lǐ Àihuá： Xiān chàng shēngrigē.

大家： （唱） 祝 你 生日 快乐，……
Dàjiā： （chàng） Zhù nǐ shēngri kuàilè,……

陈 卉： 谢谢！ 祝 大家 健康、 幸福！
Chén Huì： Xièxie! Zhù dàjiā jiànkāng、 xìngfú!

李 爱 华： 陈 卉， 切 蛋糕 吧。
Lǐ Àihuá： Chén Huì, qiē dàngāo ba.

李 秋： 等 一 等， 我 先 把 刀 洗洗。
Lǐ Qiū： Děng yì děng, wǒ xiān bǎ dāo xǐxi.

李 爱 华： 怎么 买了 两 个 蛋糕？
Lǐ Àihuá： Zěnme mǎile liǎng ge dàngāo?

陈 卉： 我 弟弟 买了 一 个， 赵 经理 又 送了 一 个。
Chén Huì： Wǒ dìdi mǎile yí ge, Zhào jīnglǐ yòu sòngle yí ge.

李 秋： 爱华， 我 让 你 带 照相机， 你 带了 没有？
Lǐ Qiū： Àihuá, wǒ ràng nǐ dài zhàoxiàngjī, nǐ dàile méiyǒu?

李爱华：带 了。来，大家 一起 照 张 相 吧。
Lǐ Àihuá: Dài le. Lái, dàjiā yìqǐ zhào zhāng xiàng ba.

课文二　Text 2

一 天 早上， 老 张 在 河边 散步，老 李
Yì tiān zǎoshang, Lǎo Zhāng zài hébiān sàn bù, Lǎo Lǐ

正在 钓鱼。老 李
zhèngzài diào yú. Lǎo Lǐ

钓了 一 条 又 大 又 肥
diàole yì tiáo yòu dà yòu féi

的鱼，可是 他 立刻 把 那
de yú, kěshì tā lìkè bǎ nà

条 鱼 放 了。 过了
tiáo yú fàng le. Guòle

一会儿， 又 钓了 一 条 大
yíhuìr, yòu diàole yì tiáo dà

鱼，这 次 他 又 把 鱼 放
yú, zhè cì tā yòu bǎ yú fàng

了。第 三 次，老 李 钓了 一 条 小 鱼， 很 高兴， 准备
le. Dì sān cì, Lǎo Lǐ diàole yì tiáo xiǎo yú, hěn gāoxìng, zhǔnbèi

回家。老 张 看了 非常 奇怪， 问 老 李："你 为
huí jiā. Lǎo Zhāng kànle fēicháng qíguài, wèn Lǎo Lǐ: "Nǐ wèi

什么 把 大 鱼 放了，只 要 一 条 小 鱼 呢？" 老李
shénme bǎ dà yú fàngle, zhǐ yào yì tiáo xiǎo yú ne?" Lǎo Lǐ

回答："因为 我 家 没 有 大 锅，只 有 一 个 小 锅。"
huídá: "Yīnwei wǒ jiā méi yǒu dà guō, zhǐ yǒu yí ge xiǎo guō."

```
╔═══════════════════════════════╗
║      语 法  Grammar           ║
╚═══════════════════════════════╝
```

词 语 Words and Expressions

1. 副词"才"和"就" The adverbs "才" and "就"

"才"表示主观上认为动作发生得晚或进行得不顺利。如"你怎么才来?""晚会七点开始,他七点半才到。""路上堵车,所以才到。"

"才" suggests subjectively that an action occurs late or does not go smoothly, e.g. "你怎么才来?""晚会七点开始,他七点半才到。""路上堵车,所以才到。"

"就"含主观上认为动作发生得早或进行得顺利。如"晚会七点开始,他五点半就出发了。""大家早就到了。"

"就" implies subjectively that an action is taken early or goes on smoothly, e.g. "晚会七点开始,他五点半就出发了。""大家早就到了。"

2. 连词"因为" The conjunction "因为"

表示原因,常与"所以"配合使用,如"他因为不舒服,所以没来。"前后可以是不同的主语,如"因为路上堵车,所以他现在才到。"

"因为" is often used together with "所以" to indicate a cause or reason, e.g. "他因为不舒服,所以没来。" The clauses linked by the two words may have different subjects, e.g. "因为路上堵车,所以他现在才到。"

3. 动态助词"了" The particle "了"

用在动词后表示动作的实现或完成。如"大家都来了"。

It is used after a verb to indicate an action is realized or completed, e.g. "大家都来了".

词 组 Phrases

1. 联合词组 Coordinative phrases

用"又+形+又+形"构成的形容词性联合词组,表示并列的性质、情状同时存在。在句中主要充当定语、谓语或补语。例如:

The adjective coordinative phrases composed of the pattern of "又 + adjective + 又 +

· 134 ·

adjective" expresses the co-exist qualities or states, which mainly function as the attributive, predicate or complement in a sentence, e.g.

又肥又大
又快又好
又高兴又满意

2. 动宾词组和动态助词"了"
The verb-object phrases and the aspect particle"了"

动宾词组中,如宾语带数量词或其他定语,这时动态助词"了"应放在动词之后宾语之前。如:

When the object of a verb-object phrase takes a numeral-classifier compound or other attributes, the aspect particle "了" should be placed after the verb and before the object, e.g.

买了两个蛋糕
问了那个问题

3. 介宾词组(5) Preposition-object phrases (5)

介词"把"的宾语是有定的人或事物,是处置或影响的对象。"把"字词组充当动词的状语。例如"把那条鱼放了"。

The object of the preposition "把" is a definite person or thing, i.e., what is disposed of or affected. The "把" phrase acts as the adverbial of the predicate verb, e.g. "把那条鱼放了".

句　型　Sentence Patterns

1. 动作的完成态　The perfect aspect of an action

一个动作可以处在不同的状态中,如进行态、完成态等。动作的状态与时间有关,但并不完全表示时间。动作的完成态并不一定表示动作发生在过去,另一方面,动作虽然在过去发生,如果不强调是否完成,就不必用完成态。动作行为发生的时间,是由时间词、表时间的副词或词组来表示的。

An action may be in different aspects, such as the progressive and perfect aspects. The aspect of a verb is related to time, but does not entirely indicate it. The perfect aspect of a verb does not necessarily indicate a past action; on the other hand, a past action need not to be in the perfect aspect, unless its completion is stressed. The time when an action is taken is expressed by words of time, or adverbs or phrases denoting time.

由"动 + '了'"或"动 + '了' + 数量 + 名"的动宾词组充当谓语,表示动作的实现或完成,句型是:

A verb-object phrase in the form of "verb + '了'" or "verb + '了' + numeral-classifier word + noun" acts as the predicate, indicating the realization or completion of an action. The sentence pattern is:

主 语	谓 语			
	状语	动	"了"	宾 语
你	怎么	买	了	两个蛋糕?
老李		钓	了	一条又大又肥的鱼。
他们	都	来	了。	

如果动词的宾语前没有其他定语,就显得意思不够完整,要补充其他成句条件。如:

When a verb takes an object without any attributive before it, the sentence will sound incomplete; in this case, other sentence-forming elements should be added, e.g.

我们吃了饭就去参观。

完成态的否定形式是在动词前加"没(有)",动词后不再用"了",如:

The negative form of the perfect aspect is putting "没(有)" before the verb, and "了" is not used after it, e.g.

(1) 大家都来了,李爱华没(有)来。

(2) 晚会没(有)开始。

完成态的正反疑问句也是并列肯定与否定形式,例如:

An affirmative-negative question in the perfect aspect is also made by juxtaposing the affirmative and negative forms, e.g.

(1) 张老师来了没有? (张老师来没来?)

——他来了。

——他没来。

(2) 李爱华今天带了他的照相机没有? (李爱华今天带没带他的照相机?)

——他带了。

——他没带。

2."把"字句(1) "把"sentences(1)

主语是施动者,谓语由"'把'+宾"作状语的状中词组充当。句中的动词必须是及物的,动词后一定有后附成分或者动词自身重叠。句型是:

In such a sentence, the subject is the doer, and the predicate is an adverbial + center-word phrase with the pattern of "'把' + object" as the adverbial. The predicate verb must be transitive, followed by a complementary element or a reduplicated form of the verb itself. The sentence pattern is:

主　语	谓　　　语			
	"把"	宾　　语	动词	"了"
老李	把	那条又肥又大的鱼	放	了。
你	把	刀	洗洗。	

```
练 习  Exercises
```

一、按例用下列词语组成词组:

Make up phrases with the given words after each example:

1. 例　Example:来→就来/才来

去　走　回答　停车　换钱　吃饭　结婚
开始　考试　还钱　开门

2. 例　Example:肥 大→又肥又大

高大　咸辣　快 清楚　好吃 便宜　漂亮 可爱

3. 例　Example:来→来了

去 参观　打 吃 喝 回来 买 问
学习 介绍　知道 停 换 结婚

二、替换练习　Substitution drills:

1. 我八点半就出发了。
　　　　上课
　　　　开始参观
　　　　工作
　　　　走
　　　　上班

2. 你怎么才来?
　　　　打电话
　　　　吃饭
　　　　介绍
　　　　学习
　　　　买房子

3．我把<u>刀</u>洗洗。　　　　　4．他立刻把那条<u>鱼放</u>了。

西红柿　　　　　　　　　吃

土豆　　　　　　　　　　切

鱼　　　　　　　　　　　洗

青菜　　　　　　　　　　卖

衣服

三、用下列词语并用"了"完成句子：

Make sentences with the given words and "了"：

例：他(来)→他来了。

1．春天(到)

2．孩子(出生)

3．我(五点半出发)

4．李爱华(买两本词典)

5．小王(买一个蛋糕)

6．古玩商店(招聘两个营业员)

7．老李(放三条大鱼)

8．生日晚会上,陈卉(唱一个歌)

四、按例用下列所给的词语说带"把"的句子：

Make the "把" sentences with the given words after the example：

例　Example：还书→我把书还了。

喝咖啡　吃面包　卖汽车　切蛋糕　还欠款　洗衣服

五、按例用"因为"或"因为……所以……"回答问题：

Answer the following questions with "因为" or "因为……所以……" after the example：

例　Example：李爱华为什么现在才到？(堵车)

——因为路上堵车,所以李爱华现在才到。

1．大家为什么到陈卉家？(生日)

2．今天他为什么不上班？(星期日)

3．昨天小王为什么没有来？(不舒服)

4．约翰为什么去银行？(换钱)

5．警察为什么让小刘停车？(开快车)

六、根据课文一判断正误：

Decide whether the statements are right or wrong according to Text 1:

1. 今天是陈卉的生日。 （　　）
2. 李爱华来得很晚。 （　　）
3. 李爱华五点半就出发了。 （　　）
4. 路上堵车，所以来得晚。 （　　）
5. 他们先切蛋糕，然后唱生日歌。 （　　）
6. 陈卉的弟弟买了两个蛋糕。 （　　）
7. 李爱华送了一个蛋糕。 （　　）
8. 李爱华没带照相机。 （　　）
9. 他们一起照了相。 （　　）

七、模仿课文一完成对话　**Complete the dialogues after Text 1:**

1. A：你怎么才来？

   B：路上堵车，_____。

   A：_____，你应该五点出发。

   B：对不起，对不起！_____。

2. A：切蛋糕吧。

   B：等一等，_____。

   A：怎么买了两个蛋糕？

   B：_____。

八、根据课文二填空　**Fill in the blanks according to Text 2:**

1. 一天早上，老张在河边_____。
2. 老李在河边_____。
3. 老李钓了一条_____的鱼。
4. 老李立刻_____。
5. 过了一会儿，老李又_____鱼。
6. 这次他又_____。
7. 第三次，老李_____，很高兴。
8. 老张看了_____。
9. 老张问老李："你为什么_____，只要一条小鱼呢？"
10. 老李回答："_____。"

九、根据下列提示词语复述课文二　**Retell Text 2 with the given words:**

老张　老李　河边　散步　钓鱼　又大又肥

放　　小鱼　高兴　奇怪　大锅　小锅

十、情景会话:**"开生日晚会",用上下列词语:**

Situational dialogue: Having a birthday party, using the given words:

才　就　送　礼物　切　蛋糕　刀　洗　照相　把　了

第十四课　Lesson 14　赵经理住院了

生　词　New Words

1. 住院		zhù yuàn	to be in hospital
2. 挂号		guà hào	to register
挂	（动）	guà	to register
3. 咳嗽	（动）	késou	to cough
4. 发烧		fā shāo	to have a fever
烧	（动）	shāo	to run a fever
5. 头	（名）	tóu	head
6. 量	（动）	liáng	to measure
7. 体温计	（名）	tǐwēnjì	thermometer
体温	（名）	tǐwēn	body temperature
8. 厉害	（形）	lìhai	serious
9. 感冒	（动、名）	gǎnmào	to have a cold; cold
10. 病	（名、动）	bìng	to be ill; disease
11. 大概	（形）	dàgài	probably
12. 检查	（动）	jiǎnchá	to check
13. 得(病)	（动）	dé(bìng)	to contract（a disease）
14. 肺炎	（名）	fèiyán	pneumonia
15. 东西	（名）	dōngxi	thing
16. 束	（量）	shù	(*measure word*) bouquet
17. 花	（名）	huā	flower
18. 农村	（名）	nóngcūn	countryside

19. 件	（量）	jiàn	*measure word*
20. 把	（量）	bǎ	*measure word*
21. 雨伞	（名）	yǔsǎn	umbrella
伞	（名）	sǎn	umbrella
22. 丢	（动）	diū	to lose
23. 伤心		shāng xīn	to be heart-broken
24. 哭	（动）	kū	to cry
25. 当时	（名）	dāngshí	at that time
26. 了解	（动）	liǎojiě	to know
27. 情况	（名）	qíngkuàng	situation
28. 地址	（名）	dìzhǐ	address
29. 信	（名）	xìn	letter
30. 懂	（动）	dǒng	to understand

专　名　Proper Noun

小丽　　　　　　Xiǎolì　　　　　　Little Li

词　组　Phrases

1. 厉害：烧得很厉害　病得很厉害　咳嗽得很厉害　疼得很厉害　哭得很厉害

2. 件：　一件礼物　两件衣服　三件事

3. 把：　一把雨伞　两把钥匙　三把刀

4. 东西：买东西　找东西　吃东西　拿东西　借东西　带东西　写东西

5. 了解：了解情况　了解中国　了解一个人　很了解他

课 文 Texts

课文一 Text 1

大夫：   你 挂 号 了 吗？
Dàifu：   Nǐ guà hào le ma?

赵 经理：挂 了。
Zhào jīnglǐ：Guà le.

大夫：   你 哪儿 不 舒服？
Dàifu：   Nǐ nǎr bù shūfu?

赵 经理：咳嗽，还 发 烧。
Zhào jīnglǐ：késou, hái fā shāo.

大夫：   头 疼 吗？
Dàifu：   Tóu téng ma?

赵 经理：头 不 疼。
Zhào jīnglǐ：Tóu bù téng.

大夫：   先 量量 体温，给 你 体温计。
Dàifu：   Xiān liángliang tǐwēn, gěi nǐ tǐwēnjì.

（过了一会儿 After a while）

大夫：   把 体温计 给 我， 39 度，烧 得 很 厉害。
Dàifu：   Bǎ tǐwēnjì gěi wǒ, sānshíjiǔ dù, shāo de hěn lìhai.

赵 经理：最近 感冒 的 人 很 多，我 感冒 了 吧？
Zhào jīnglǐ：Zuìjìn gǎnmào de rén hěn duō, wǒ gǎnmào le ba?

大夫：   你 的 病 大概 不 是 感冒，再 检查 检查。
Dàifu：   Nǐ de bìng dàgài bú shì gǎnmào, zài jiǎnchá jiǎnchá.

（检查以后 After the checkup）

赵 经理：我 得了 什么 病？
Zhào jīnglǐ：Wǒ déle shénme bìng?

· 143 ·

大夫： 你 得了 肺炎， 得 住 院。
Dàifu: Nǐ déle fèiyán, děi zhù yuàn.

* * * * * * * * * * *

（陈卉来找李爱华 Chen Hui comes to Li Aihua）

陈 卉： 赵 经理 住 院 了。
Chén Huì: Zhào jīnglǐ zhù yuàn le.

李 爱华： 他 怎么 了？
Lǐ Àihuá: Tā zěnme le?

陈 卉： 他 得了 肺炎， 很 厉害， 我们 去 看看 他 吧。
Chén Huì: Tā déle fèiyán, hěn lìhai, wǒmen qù kànkan tā ba.

李 爱华： 好， 什么 时候 去？
Lǐ Àihuá: Hǎo, shénme shíhou qù?

陈 卉： 你 吃 饭 了 没有？
Chén Huì: Nǐ chī fàn le méiyou?

李 爱华： 还 没有。 你 呢？
Lǐ Àihuá: Hái méiyou. Nǐ ne?

陈 卉： 我 也 没 吃 呢， 我们 先 一起 去 吃 饭 ， 吃了
Chén Huì: Wǒ yě méi chī ne, wǒmen xiān yìqǐ qù chī fàn , chīle

饭 就 去， 怎么样？
fàn jiù qù, zěnmeyàng?

李 爱华： 行。 应该 带 点儿 东西 去 吧？
Lǐ Àihuá: Xíng. Yīnggāi dài diǎnr dōngxi qù ba?

陈 卉： 带 什么 呢？ 带 束 花 吧。
Chén Huì: Dài shénme ne? Dài shù huā ba.

李 爱华： 好， 吃了 饭 就 去 买 花。
Lǐ Àihuá: Hǎo, chīle fàn jiù qù mǎi huā.

课文二 Text 2

小丽 在 北京 上 大学， 她 家 在 农村。 下 个 月
Xiǎolì zài Běijīng shàng dàxué, tā jiā zài nóngcūn. Xià ge yuè

16 号 是 妈妈 的
shíliù hào shì māma de

生日, 小丽 想 给
shēngri, Xiǎolì xiǎng gěi

妈妈 买 一 件 礼物。她
māma mǎi yí jiàn lǐwǔ. Tā

每 天 省 一点儿 钱,
měi tiān shěng yìdiǎnr qián,

终于 省了 20 块
zhōngyú shěngle èrshí kuài

钱。 这天, 离 妈妈 生日 还 有 一个 星期, 小丽 吃了
qián. Zhè tiān, lí māma shēngri hái yǒu yí ge xīngqī, Xiǎolì chīle

饭 就 去 买 礼物 了。她 买了 一 把 漂亮 的 雨伞, 她
fàn jiù qù mǎi lǐwù le. Tā mǎile yì bǎ piàoliang de yǔsǎn, tā

知道 妈妈 没 有 伞。在 去 邮局 的 公共 汽车 上,
zhīdao māma méi yǒu sǎn. Zài qù yóujú de gōnggòng qìchē shang,

她 把 伞 丢 了。她 伤心 地 哭了。当时 车 上 还
tā bǎ sǎn diū le. Tā shāngxīn de kū le. Dāngshí chē shang hái

有 三 个 人, 他们 了解 了 情况 后, 问了 她 妈妈
yǒu sān ge rén, tāmen liǎojiě le qíngkuàng hòu, wènle tā māma

的 地址。 两 个 星期 以后, 妈妈 来 信 了:"谢谢 你 的
de dìzhǐ. Liǎng ge xīngqī yǐhòu, māma lái xìn le: "Xièxie nǐ de

礼物, 我 很 高兴。 可是, 我 不 懂, 你 为 什么 要
lǐwù, wǒ hěn gāoxìng. Kěshì, wǒ bù dǒng, nǐ wèi shénme yào

送 我 三 把 雨伞 呢?"
sòng wǒ sān bǎ yǔsǎn ne?"

词　语　Words and Expressions

副词"大概"　The adverb "大概"

副词"大概"表示对时间、数量等不很精确的估计，如：

The adverb "大概" means a rough estimation of time, number, etc, e.g.

(1)赵经理大概三十多岁。

(2)她大概学了三四年的钢琴。

还可表示可能性、推测等，可以用在主语之前，如：

It can also express a probability or surmise, etc., which can be used before the subject, e.g.

(1)他大概得了肺炎。

(2)大概他住院了。

词　组　Phrases

介宾词组(6)　Preposition-object phrases (6)

介词"给"引出动作行为服务的对象或介绍事物的接受者，构成介宾词组，在句中作状语。例如：

The preposition "给" introduces the target of an action or service or the receiver of something, forming a preposition-object phrase, functioning as the adverbial in a sentence, e.g.

(1)给你量量体温。

(2)给妈妈买一件礼物。

句　型　Sentence Patterns

1. 带语气助词"了₁"的句子　Sentences with the aspect particle "了₁"

语气助词"了"可以表达不同的语气，这里"了₁"放在句尾，表示已经完成或实现了某事。在句中常与表时间的副词"已经"配合使用。句型是：

The modal particle "了" can express various tones. Here "了₁" is put at the end of a sentence to indicate an action is completed or realized. It is often used together with the time adverb "已经". The sentence pattern is:

主　语	谓　语		"了"
	状　语	动　词	
赵经理		住院	了。
他	已经	吃了饭	了。

2. 动词"给"作谓语的"把"字句

"把" sentences with the verb "给" as the predicate

动词"给"带双宾语,常用一般陈述句,如"给你体温计。"但直接宾语是专指的人或事物,说话人为强调"交付"对象,也可用"把"字句。句型是:

"给" is often used in a general declarative sentence when taking double objects, e.g. "给你体温计。" When the direct object is a designated person or thing, the "把" sentence can also be used to emphasize the object. The sentence pattern is:

主　语	谓　语			
	"把"	宾　语	动词	间接宾语
大　夫	把	体温计	给	我。
你	把	我的照片	给	他。

双宾语动词谓语句中,间接宾语为人称代词,直接宾语如含人称代词,必须用"把"字句。如:不说"﹡李爱华给你我的照片。"而说"李爱华把我的照片给你。"

In a sentence with a predicate verb taking two objects, the indirect object is a personal pronoun, but if the direct object also contains a personal pronoun, the "把" sentence must be used. For example, we say "李爱华把我的照片给你。" instead of " ﹡ 李爱华给你我的照片。"

练 习 Exercises

一、按例用所给的词语组成词组:

Make phrases with the given words after each example:

1. 例　Example:买礼物(妈妈)→给妈妈买礼物

介绍情况(学生)　打电话(姐姐)　写信(小王)

穿衣服(孩子)　　做饭(大家)

2. 例 Example：吃饭 → 吃饭了
    写信　换钱　买电视　打电话
    洗衣服　换衣服　买票　挂号

二、替换练习　Substitution drills：

1. 小王，把体温计给我。
    我的钥匙
    那个面包
    我的手表
    你的词典
    他的照相机

2. 小丽想给妈妈买一件礼物。
    打电话
    写信
    做饭
    寄一把雨伞
    租房子

3. 赵经理住院了。
    结婚
    买房子
    换钱
    检查身体
    参加会议

4. 小丽吃了饭就去买礼物了。
    跳舞
    爬山
    打太极拳
    上课
    换钱

三、用下列词组完成"把"字句：

Make "把" sentences with the following phrases：

例　Example：送他书 → 你把这本书送他。
1. 给我词典
2. 给女朋友手表
3. 给老王钥匙
4. 给陈卉电影票
5. 给约翰照片
6. 给爸爸照相机

四、判断下列对话的空格处是否需要"了"：

Decide whether "了" is necessary in each of the following blanks：

1. A：你吃饭了吗？
   B：我吃饭＿＿＿。

2．A：明天我去长城，你呢？

B：我去故宫＿＿＿。

3．A：我洗衣服，你妈妈做饭，孩子，你做什么？

B：我穿你洗的衣服＿＿＿，吃妈妈做的饭＿＿＿。

4．A：李爱华去商店了吗？

B：他没去商店＿＿＿，他去饭馆＿＿＿。

5．A：李秋在家吗？

B：不在，她吃＿＿＿饭就去＿＿＿商店＿＿＿。

6．A：你懂了吗？

B：我没懂＿＿＿。

五、根据课文一选择正确答案：

Choose a right answer to each question according to Text 1:

1．赵经理挂号了吗？（ ）

A．挂了 B．没挂 C．不知道

2．赵经理哪儿不舒服？（ ）

A．他肚子疼 B．他头疼 C．他咳嗽，还发烧

3．大夫先检查什么？（ ）

A．先看肚子 B．先量体温 C．先检查身体

4．赵经理发烧吗？（ ）

A．不发烧 B．有点发烧 C．烧得很厉害

5．赵经理得了什么病？（ ）

A．感冒 B．肺炎 C．没病

6．陈卉和李爱华想做什么？（ ）

A．去看赵经理 B．去看病 C．去找大夫

7．陈卉吃饭了没有？李爱华呢？（ ）

A．陈卉吃了，李爱华没吃 B．李爱华吃了，陈卉没吃

C．他们都没吃呢

8. 他们什么时候去看赵经理？（　　）

    A．吃饭以前   B．吃饭以后   C．现在就去

9. 他们带什么礼物去？（　　）

    A．点心   B．花   C．不带礼物

六、模仿课文一完成对话　Complete the dialogues after Text 1:

1. A：_____？

   B：挂了。

   A：你哪儿不舒服？

   B：_____。

   A：先量量体温，给你体温计。

   （过了一会儿）

   A：_____，39度，_____。

   B：最近感冒的人很多，我感冒了吧？

   A：_____，再_____。

2. A：赵经理住院了。

   B：_____？

   A：他_____，我们去看看他吧。

   B：好，什么时候去？

   A：我们先去吃饭，_____，怎么样？

   B：行。

七、根据课文二回答问题　Answer the questions based on Text 2:

1. 小丽在哪儿上大学？

2. 小丽家在哪儿？

3. 什么时候是妈妈的生日？

4. 小丽想做什么？

5. 他每天省一点钱，终于省了多少钱？

6. 这天，小丽吃了饭就去做什么了？

7. 他给妈妈买了什么礼物？

8. 在汽车上，小丽为什么哭了？

9. 当时车上有几个人？

10. 他们了解了情况后,问了小丽什么?

11. 这三个人做了什么?

12. 妈妈高兴吗?

八、根据下列提示词语复述课文二　Retell Text 2 with the given words:

上大学　　农村　生日　礼物　省钱　雨伞

公共汽车　丢　哭　了解　地址　送　　三把雨伞

九、情景会话:"商量去医院看病人",用上下列词语:

Situational dialogue: Talk about visiting a patient in the hospital with the given words:

得病　感冒　肺炎　厉害　住院　就　礼物　花

第十五课 Lesson 15 比赛就要开始了

1. 比赛	（名、动）	bǐsài	to compete；match
2. 电视台	（名）	diànshìtái	television station
电视	（名）	diànshì	television
3. 足球	（名）	zúqiú	football
4. 队	（名）	duì	team
5. 工人	（名）	gōngrén	worker
6. 体育场	（名）	tǐyùchǎng	stadium
7. 别	（副）	bié	don't
8. 座位	（名）	zuòwèi	seat
9. 看台	（名）	kàntái	bleachers，stands
10. 水平	（名）	shuǐpíng	level
11. 赢	（动）	yíng	to win
12. 可能	（能动、名）	kěnéng	may；possibility
13. 份	（量）	fèn	*measure word*
14. 报纸	（名）	bàozhǐ	newspaper
报	（名）	bào	newspaper
15. 对	（介）	duì	of；about
16. 运动员	（名）	yùndòngyuán	player
17. 输	（动）	shū	to lose
18. 国家	（名）	guójiā	nation
19. 队员	（名）	duìyuán	team member
20. 裁判员	（名）	cáipànyuán	judge；referee
裁判	（动、名）	cáipàn	to judge；judgment
21. 入场		rù chǎng	to enter（the field）

22. 加油		jiā yóu	cheer
23. 忘	(动)	wàng	to forget
24. 突然	(形)	tūrán	suddenly
25. 觉得	(动)	juéde	to feel
26. 饿	(形)	è	hungry
27. 小孩	(名)	xiǎohái	child
28. 站台	(名)	zhàntái	platform
29. 玩	(动)	wán	to play

词 组 Phrases

1. 太…了： 太便宜了　太高兴了　太舒服了　太漂亮了　太好吃了
　　　　 太累了　太冷了　太热了　太大了　太小了　太高了
　　　　 太贵了

2. 觉得： 觉得饿　觉得累　觉得贵　觉得热　觉得伤心
　　　　 觉得舒服　觉得可爱　觉得放心　觉得容易　觉得不错

3. 突然： 突然来了　突然走了　突然说　突然笑　突然停车
　　　　 很突然　非常突然　突然下雨

课 文 Texts

课文一　Text 1

陈　卉：爱华，　　晚上　有　时间　吗?
Chén Huì: Àihuá, wǎnshang yǒu shíjiān ma?

李 爱华：晚上　　　电视台　播放　足球　比赛，北京队　和
Lǐ Àihuá: Wǎnshang diànshìtái bōfàng zúqiú bǐsài, Běijīngduì hé

　　　　上海队，　　我　要　看　电视。
　　　　Shànghǎiduì, wǒ yào kàn diànshì.

陈　卉：你看，这是　什么?
Chén Huì: Nǐ kàn, zhè shì shénme?

李 爱华：　两　　　张　　球票！　怎么，　你 买了　今天　比赛 的
Lǐ Àihuá：　Liǎng zhāng qiúpiào! Zěnme, nǐ mǎile jīntiān bǐsài de
　　　　　　票？
　　　　　　piào?

陈　　卉：　是　啊，　请　你 去　工人　　体育场　看　比赛。
Chén Huì：　Shì a, Qǐng nǐ qù Gōngrén Tǐyùchǎng kàn bǐsài.

李 爱华：　太　好　了。　我们　几　点　出发？
Lǐ Àihuá：　Tài hǎo le. Wǒmen jǐ diǎn chūfā?

陈　　卉：　6　点，　到　时候 你 来　找　我，别　晚　了。
Chén Huì：　Liù diǎn, dào shíhou nǐ lái zhǎo wǒ, bié wǎn le.

李 爱华：　好，　我 6　点　去　找　你。
Lǐ Àihuá：　Hǎo, wǒ liù diǎn qù zhǎo nǐ.

（在工人体育场　At worker's stadium）

陈　　卉：　爱华，　比赛　快　要　开始　了，我们　快　去　找
Chén Huì：　Àihuá, bǐsài kuài yào kāishǐ le, wǒmen kuài qù zhǎo
　　　　　　座位　吧。
　　　　　　zuòwèi ba.

李 爱华：　我们　在 第 几　看台？
Lǐ Àihuá：　Wǒmen zài dì jǐ kàntái?

陈　　卉：　第三　看台，　在　前边。
Chén Huì：　Dì sān kàntái, zài qiánbian.

（在看台上　On the stand）

陈　　卉：　今天　参加 比赛 的　球队　水平　都　很　高，
Chén Huì：　Jīntiān cānjiā bǐsài de qiúduì shuǐpíng dōu hěn gāo,
　　　　　　比赛　一定　很　好看。
　　　　　　bǐsài yídìng hěn hǎokàn.

李 爱华：　哪个 队　能　赢？ 我 还 不 太 了解 这　两　个
Lǐ Àihuá：　Nǎ ge duì néng yíng? Wǒ hái bú tài liǎojiě zhè liǎng ge
　　　　　　队。
　　　　　　duì.

陈　　卉：我　买了　一　份　报纸，　有　对　球队　和　　运动员
Chén Huì: Wǒ mǎile yí fèn bàozhǐ, yǒu duì qiúduì hé yùndòngyuán

　　　　　的　介绍。
　　　　　de jièshào.

李　爱华：我　　看看。　陈　卉，报纸　　上　　说　　上海队
Lǐ Àihuá: Wǒ kànkan. Chén Huì, bàozhǐ shang shuō Shànghǎiduì

　　　　　可能　　会　输。
　　　　　kěnéng huì shū.

陈　　卉：不　一定。　上海队　也　可能　　赢。
Chén Huì: Bù yídìng. Shànghǎiduì yě kěnéng yíng.

李　爱华：这　　两　个　队　里　都　有　　不少　　国家队　的
Lǐ Àihuá: Zhè liǎng ge duì lǐ dōu yǒu bùshǎo guójiāduì de

　　　　　队员。
　　　　　duìyuán.

陈　　卉：是　啊。爱华，别　看　报纸　了，　运动员　　和
Chén Huì: Shì a. Àihuá, bié kàn bàozhǐ le, yùndòngyuán hé

　　　　　裁判员　　入　　场　　了，比赛　就　要　开始　了。
　　　　　cáipànyuán rù chǎng le, bǐsài jiù yào kāishǐ le.

李　爱华：我们　　给　北京队　加油，　北京队　一定　赢。
Lǐ Àihuá: Wǒmen gěi Běijīngduì jiā yóu, Běijīngduì yídìng yíng.

陈　　卉：别　　忘了，我　是　　上海人。
Chén Huì: Bié wàngle, wǒ shì Shànghǎirén.

李 爱华： 好， 我们 也给 上海队 加油。
Lǐ Àihuá: Hǎo, wǒmen yě gěi Shànghǎiduì jiā yóu.

课文二　Text 2

火车 就要 开了，老 张 突然 觉得 饿了， 想 去
Huǒchē jiù yào kāi le, Lǎo Zhāng tūrán juéde è le, xiǎng qù
买 面包。 老李 说："别 去 了， 火车 快 开 了。"这
mǎi miànbāo. Lǎo Lǐ shuō: "Bié qù le, huǒchē kuài kāi le." Zhè
时候， 一个 小孩儿 正在 站台 上 玩儿， 老 张 对
shíhou, yí ge xiǎoháir zhèngzài zhàntái shang wánr, Lǎo Zhāng duì
小孩儿 说："小 朋友， 我 给 你 两 块 钱， 你 去
xiǎoháir shuō: "Xiǎo péngyou, wǒ gěi nǐ liǎng kuài qián, nǐ qù
帮 我 买 两 个 面包， 我 吃 一个， 你 吃 一个， 好
bāng wǒ mǎi liǎng ge miànbāo, wǒ chī yí ge, nǐ chī yí ge, hǎo
吗？" 小孩儿 很 高兴 地 去了， 过了 一会儿， 小孩儿 来
ma?" Xiǎoháir hěn gāoxìng de qù le, guòle yíhuìr, xiǎoháir lái
了， 一边 吃 面包， 一边 对 老 张 说："对不起，
le, yìbiān chī miànbāo, yìbiān duì Lǎo Zhāng shuō: "Duìbuqǐ,

面包　　只 有 一 个 了，这 是 还 您 的 一 块 钱。"

miànbāo zhǐ yǒu yí ge le, zhè shì huán nín de yí kuài qián."

语 法 Grammar

词 语 Words and Expressions

"太……了" The expression "太……了"

副词"太"+形/动。用于表示程度高，有赞叹意味，句末常用"了"相配合。如"太好了""太漂亮了"。也可表示过分，如"你来得太晚了""你说得太快了"。

The adverb "太" plus an adjective or a verb is used to express a high degree with a sense of compliment, often together with "了" at the end of a sentence, e.g. "太好了" "太漂亮了". It can also mean excessively, e.g. "你来得太晚了""你说得太快了".

词 组 Phrases

1. 介宾词组(7) Preposition-object phrases (7)

由介词"对"引出动作行为的对象，构成介宾词组，在句中主要用作状语。例如：

A preposition-object phrase is composed of the preposition "对" to introduce the target of an action, which mainly functions as the adverbial in a sentence, e.g.

对小李说

2. 定中词组和"的"(5) The attributive + center-word phrases and "的" (5)

介宾词组作定语，与中心语之间要加"的"。例如：

When a preposition-object phrase is used attributively, "的" must be inserted between it and the word it qualifies, e.g.

对运动员的介绍(定+"的"+中)
在学校的学生 (定+"的"+中)

句 型 Sentence Patterns

1. "要……了"表示动作即将发生 "要……了" indicating an action to happen

"要"前可加副词"就""快"作状语。句型是：

adverb "就" or "快" can be put before "要" as the adverbial. The sentence pattern is：

主　语	谓　语		"了"
	状　语	中心语	
比赛	要	开始	了。
火车	就要	开	了。
学生	快要	考试	了。

用"快……了"也可表达同样的意思，如"电影快开演了"。

"快……了" may also be used to express the similar meaning, e.g. "电影快开演了".

句中有时间词时，只能用"就要……了"。如"汽车八点就要到了。"

However, when there is a time word in the sentence, only "就要……了" can be used，e.g. "汽车八点就要到了。"

2. "别……了"表示提醒、劝告或禁止等

"别……了" expressing warning, persuasion or prohibition, etc.

句型是　The sentence pattern is：

主　语	谓　语		"了"
	状　语	中心语	
大家	别	说话	了。
	别	伤心	了。

练　习　Exercises

一、按例用下列词语组成词组：

Make up phrases with the given words after each examples：

1. 例　Example：来→要来了/快来了/快要来了/就要来了

去　开始　回家　开演　结婚　上课　上班

下雨　去中国　上大学

2. 例　Example：一会儿　比赛→一会儿就要比赛了

明天　出差　　　下星期　去中国　　　下个月　结婚

九月　上大学　　　一会儿　吃饭　　　一会儿　停车

二、替换练习　Substitution drills:

1. 比赛<u>快要</u>开始了。

会议

招聘

电视

考试

晚会

2. <u>比赛</u>就要<u>开始</u>了。

电影　　开演

火车　　停

新娘　　来

参观　　结束

婚礼　　举行

3. 我买了一份报纸,有对<u>球队和运动员</u>的介绍。

中国

赵经理

故宫

比赛

会议

三、按例根据情景说句子:

Make a sentence after each example according to the given situation:

1. (要……了)

例　Example：火车三点一刻开,现在三点。→火车要开了。

他 5 点来,现在 4 点 50。

电影 7 点开始,现在 6 点 55 分。

2. (快……了)

例　Example：会议 8 点开始,现在 7 点 50。→会议快开始了。

他 7 月结婚,现在 6 月。

小明 7 岁上学,现在他 6 岁。

3. (快要……了)

例　Example：学校 8 点上课,现在 7 点 50。→学校快要上课了。

公共汽车在西直门停,这儿离西直门还有 300 米。

约翰 10 号去中国,今天 6 号。

4. (就要……了)

　　例　Example：老张星期五出差，今天星期二。

　　　　　　　　　　→老张星期五就要出差了。

　　他星期四考试，今天星期一。

　　李爱华五月买房子，现在是四月。

四、用"别……了"填空　Fill in the blanks with "别……了":

1. A：我要去商店。

　　B：＿＿＿＿＿＿＿＿，现在太晚了。

2. A：喂，是陈卉啊，我正看电视呢，有事吗？

　　B：＿＿＿＿＿＿＿＿，跟我一起去打网球吧。

3. A：我真伤心啊，他跟小丽结婚了。

　　B：我帮你找一个更好的，＿＿＿＿＿＿＿＿。

4. A：＿＿＿＿＿＿＿＿，你咳嗽得很厉害。

　　B：没关系，我很喜欢吃辣的。

五、根据课文一判别正误：

Decide whether the statements are right or wrong after Text 1:

1. 李爱华晚上想看电影。　　　　　　　　　　　　　（　　）
2. 晚上电视播放足球比赛。　　　　　　　　　　　　（　　）
3. 晚上的足球比赛是中国队和日本队。　　　　　　　（　　）
4. 陈卉买了比赛的票。　　　　　　　　　　　　　　（　　）
5. 足球比赛在工人体育场举行。　　　　　　　　　　（　　）
6. 李爱华来找陈卉，他们6点出发。　　　　　　　　（　　）
7. 比赛开始以后，他们才去找座位。　　　　　　　　（　　）
8. 今天参加比赛的球队水平都很高。　　　　　　　　（　　）
9. 李爱华很了解这两个球队。　　　　　　　　　　　（　　）
10. 这两个队里没有国家队的队员。　　　　　　　　（　　）
11. 运动员和裁判员入场时，李爱华还看报纸。　　　（　　）
12. 他们只给北京队加油，不给上海队加油。　　　　（　　）

六、模仿课文一完成对话　Complete the dialogues after Text 1:

1. A：我请你去工人体育场看足球比赛。

B：太好了。_____?

A：6点，_____。

B：好，6点我去找你。

2．A：我买了一份报纸，_____。

B：我看看，报纸上说_____。

A：_____。

B：这两个队里都有不少国家队的队员。

A：是啊，别看报纸了，_____。

B：_____，北京队一定赢。

七、根据课文二回答问题　Answer the questions according to Text 2：

1．火车什么时候开？

2．老张突然觉得怎么了？

3．老李为什么不让他去买面包？

4．一个小孩正在站台上做什么？

5．老张让小孩买几个面包？

6．老张想吃几个面包？

7．小孩愿意帮老张买面包吗？

8．小孩买了几个面包？为什么？

9．小孩给老张买面包了吗？

八、根据下列提示词语复述课文二　Retell Text 2 with the given words：

就要……了　觉得　别……了　小孩　两块钱

两个面包　过了一会儿　一边……一边……　只有

九、情景会话："看足球比赛"，用上下列词语：

Situational dialogue：Watching a football game，using the following words：

比赛　快要……了　座位　看台　水平　赢

输　运动员　裁判员　加油

生 词 总 表
Vocabulary

A

爱	（动）	ài	to love	3
爱情	（名）	àiqíng	love	6
爱人	（名）	àiren	husband or wife	1

B

把	（介）	bǎ	*preposition*	13
把	（量）	bǎ	*measure word*	14
白	（形）	bái	white	5
百	（数）	bǎi	hundred	4
半	（数）	bàn	half	6
帮	（动）	bāng	to help	4
帮助	（动）	bāngzhù	to help	4
保护	（动）	bǎohù	to protect	10
保护色	（名）	bǎohùsè	protective colour	10
报	（名）	bào	newspaper	15
报纸	（名）	bàozhǐ	newspaper	15
北	（名）	běi	north	10
北边	（名）	běibian	on or to the north	10
比赛	（动、名）	bǐsài	to compete; match	15
表	（名）	biǎo	watch	6
别	（副）	bié	don't	15
病	（动、名）	bìng	to be ill; disease	14
播放	（动）	bōfàng	to broadcast	11
不错	（形）	búcuò	not bad	5
部	（名、量）	bù	department; *measure word*	2

C

才	（副）	cái	only；just	13
裁判	（动、名）	cáipàn	to judge；judgment	15
裁判员	（名）	cáipànyuán	judge；referee	15

菜	（名）	cài	dish	5
参加	（动）	cānjiā	to attend	7
操场	（名）	cāochǎng	sportsground	9
差	（动）	chà	to (an hour)	6
长	（形）	cháng	long	6
尝	（动）	cháng	to taste	5
常	（副）	cháng	often	4
场	（名、量）	chǎng	(of a performance or show) *measure word*	6
唱	（动）	chàng	to sing	13
车	（名）	chē	vehicle	2
吃	（动）	chī	to eat	5
出差		chū chāi	be on a business trip	12
出发	（动）	chūfā	to start off	13
出生	（动）	chūshēng	to be born	7
穿	（动）	chuān	to wear	7
春	（名）	chūn	spring	11
春天	（名）	chūntiān	spring	11
次	（量）	cì	(*measure word*) time	13
从	（介、动）	cóng	from	10

D

大	（形）	dà	big	5
大概	（形）	dàgài	probably	14
大家	（代）	dàjiā	everybody; all	3
大声		dà shēng	loud voice	12
大学	（名）	dàxué	university	1
大学生	（名）	dàxuéshēng	college student	1
大约	（副）	dàyuē	about	10
带	（动）	dài	to take	9
单子	（名）	dānzi	form, bill	4
蛋糕	（名）	dàngāo	cake	13
当然	（副）	dāngrán	of course	5
当时	（名）	dāngshí	at that time	14
刀	（名）	dāo	knife	13

到	（动）	dào	to arrive	2
到处	（名）	dàochù	everywhere	12
地	（助）	de	*structural particle*	8
得	（助）	de	*structural particle*	8
得（病）	（动）	dé（bìng）	to contract（a disease）	14
得	（能动）	děi	should	12
等	（动）	děng	to wait	3
低	（形）	dī	low	11
敌人	（名）	dírén	enemy	10
第	（头）	dì	*prefix indicating order*	3
地铁	（名）	dìtiě	subway	2
地址	（名）	dìzhǐ	address	14
点	（动）	diǎn	to order	5
点心	（名）	diǎnxin	dessert	5
电视	（名）	diànshì	television	2
钓	（动）	diào	to fish	6
钓鱼		diào yú	go fishing	6
丢	（动）	diū	to lose	14
冬	（名）	dōng	winter	11
东	（名）	dōng	east	10
东边	（名）	dōngbian	on or to the east	10
冬天	（名）	dōngtiān	winter	11
东西	（名）	dōngxi	thing	14
懂	（动）	dǒng	to understand	14
读	（动）	dú	to pronounce	9
读音	（名）	dúyīn	pronunciation	9
堵	（动）	dǔ	to block	13
堵车		dǔ chē	traffic jam	13
度	（量、名）	dù	（*measure word*）degree	11
锻炼	（动）	duànliàn	to exercise	9
队	（名）	duì	team	15
队员	（名）	duìyuán	team member	15
对	（量）	duì	（*measure word*）couple	3
对	（形）	duì	correct	4
对	（介）	duì	of; about	15

对不起		duìbuqǐ	sorry	2
多	（形）	duō	many	3
多	（副）	duō	*used in questions to indicate degree or extent*	6

E

饿	（形）	è	hungry	15
儿子	（名）	érzi	son	9

F

发烧		fā shāo	to have a fever	14
发现	（动、名）	fāxiàn	to find; finding	12
发音	（名、动）	fāyīn	pronunciation; to pronounce	8
罚	（动）	fá	to fine	8
罚单	（名）	fádān	fine ticket	8
饭	（名）	fàn	meal	5
饭店	（名）	fàndiàn	hotel	7
饭馆儿	（名）	fànguǎnr	restaurant	5
方便	（形）	fāngbiàn	convenient	10
房东	（名）	fángdōng	landlord	12
房间	（名）	fángjiān	room	10
房子	（名）	fángzi	house	10
放	（动）	fàng	to let go	13
放心		fàng xīn	to rest assured	8
飞机	（名）	fēijī	plane	12
非常	（副）	fēicháng	very	3
肥	（形）	féi	fat	13
肺炎	（名）	fèiyán	pneumonia	14
分	（量）	fēn	*the smallest Chinese monetary unit*	4
分（钟）	（量）	fēn(zhōng)	（*measure word*）minute	6
份	（量）	fèn	*measure word*	15
风	（名）	fēng	wind	11
夫妻	（名）	fūqī	husand and wife; couple	3
附近	（名）	fùjìn	nearby	9
父母	（名）	fùmǔ	parents	12

G

感冒	（动、名）	gǎnmào	to have a cold; cold	14
刚	（副）	gāng	just	8
高	（形）	gāo	high	11
高兴	（形）	gāoxìng	happy	3
告诉	（动）	gàosu	to tell	3
歌	（名）	gē	song	13
给	（动、介）	gěi	to give; to, for	4
跟	（介）	gēn	with	12
工人	（名）	gōngrén	worker	15
公共	（形）	gōnggòng	public	2
公司	（名）	gōngsī	company	11
工艺品	（名）	gōngyìpǐn	handiwork	2
工艺品部	（名）	gōngyìpǐnbù	handiwork department	2
古玩	（名）	gǔwán	curio	2
故事	（名）	gùshi	story	9
刮风		guā fēng	to blow	11
挂	（动）	guà	to register	14
挂号		guà hào	to register	14
拐	（动）	guǎi	to turn	8
拐弯		guǎi wān	to turn a corner	8
贵	（形）	guì	expensive	6
锅	（名）	guō	pot, pan	13
国家	（名）	guójiā	nation	15
过	（动）	guò	to pass	6

H

哈哈	（象声）	hāhā	ha-ha	12
孩子	（名）	háizi	child	1
汉字	（名）	Hànzì	Chinese character	8
好吃	（形）	hǎochī	delicious	5
好看	（形）	hǎokàn	good-looking	5
号	（名）	hào	date	7
河	（名）	hé	river	13
河边	（名）	hébiān	riverside	13

和	（连）	hé	and	2
黑	（形）	hēi	black	10
红	（形）	hóng	red	5
后	（名）	hòu	behind	10
后背	（名）	hòubèi	back	10
后边	（名）	hòubian	behind	10
后来	（名）	hòulái	later	9
忽然	（副）	hūrán	suddenly	12
互相	（副）	hùxiāng	each other	3
花	（名）	huā	flower	14
话	（名）	huà	language	12
还	（动）	huán	to return	9
回	（动）	huí	to return	1
回答	（动）	huídá	to answer	2
会	（名）	huì	meeting	12
会	（动、能动）	huì	to be able to；may	12
会议	（名）	huìyì	meeting	12
婚礼	（名）	hūnlǐ	wedding	7
火车	（名）	huǒchē	train	12

J

…极了		…jíle	extremely	8
急忙	（形）	jímáng	hasty	8
集市	（名）	jíshì	market	11
季	（名）	jì	season	11
季节	（名）	jìjié	season	11
家	（名）	jiā	home	1
家	（量）	jiā	measure word	10
检查	（动）	jiǎnchá	to check	14
件	（量）	jiàn	measure word	14
健康	（形）	jiànkāng	healthy	13
角	（量）	jiǎo	jiao, a Chinese monetary unit, equal to 10 fen	4
接	（动）	jiē	to receive, to meet	6
结婚		jié hūn	get married	7
结束	（动）	jiéshù	to finish	6

姐姐	（名）	jiějie	elder sister	1
借	（动）	jiè	to borrow	9
介绍	（动）	jièshào	to introduce	1
斤	（量）	jīn	(*measure word*) jin (= 1/2 *kg.*)	11
今年	（名）	jīnnián	this year	4
今天	（名）	jīntiān	today	4
近	（形）	jìn	near	10
经理	（名）	jīnglǐ	manager	2
警察	（名）	jǐngchá	policeman	8
就	（副）	jiù	right away	10
举行	（动）	jǔxíng	to hold (a meeting, ceremony, etc.)	7
觉得	（动）	juéde	to feel	15

K

开(车)	（动）	kāi(chē)	to drive (a car)	8
开始	（动）	kāishǐ	to start	6
开演	（动）	kāiyǎn	(a film, play, etc.) to start	6
看台	（名）	kàntái	bleachers, stands	15
考	（动）	kǎo	to examine	8
考试	（动、名）	kǎoshì	to examine; examination	8
烤鸭	（名）	kǎoyā	roast duck	5
咳嗽	（动）	késou	to cough	14
可爱	（形）	kě'ài	lovely	7
可能	（能动、名）	kěnéng	may; possibility	15
可是	（连）	kěshì	but	7
可以	（能动）	kěyǐ	may	12
刻(钟)	（量）	kè(zhōng)	(*measure word*) quarter (of an hour)	6
口	（量）	kǒu	*measure word*	3
哭	（动）	kū	to cry	14
块	（量）	kuài	(*measure word*) yuan	4
快	（形）	kuài	fast	8
快乐	（形）	kuàilè	happy	13
款	（名）	kuǎn	money	9

L

| 辣 | （形） | là | hot; spicy | 5 |

来不及		láibují	be unable to do sth. in time	12
来得及		láidejí	be able to do sth. in time	12
老	（形）	lǎo	old	1
老板	（名）	lǎobǎn	boss	11
了	（助）	le	*modal particle*	13
累	（形）	lèi	tired	1
冷	（形）	lěng	cold	3
离	（介、动）	lí	from; leave	10
里	（名）	lǐ	in	11
里边	（名）	lǐbian	inside	11
礼物	（名）	lǐwù	gift	13
厉害	（形）	lìhai	serious	14
立刻	（副）	lìkè	at once	5
练	（动）	liàn	to practise	8
链	（名）	liàn	chain	2
练习	（动、名）	liànxí	to practise; practice	8
量	（动）	liáng	to measure	14
了解	（动）	liǎojiě	to know	14
零	（数）	líng	zero	4
流行	（动、形）	liúxíng	to be in vogue; popular	8
留学生	（名）	liúxuéshēng	foreign student	1
路	（名）	lù	road	8
绿	（形）	lǜ	green	5

M

卖	（动）	mài	to sell	2
慢	（形）	màn	slow	9
毛	（量）	máo	*mao , same as jiao*	4
没	（副）	méi	not, no	3
没关系		méi guānxi	it doesn't matter	6
没有	（副）	méiyǒu	not, no	3
每	（代）	měi	every	8
美元	（名）	měiyuán	US dollar	4
米	（量）	mǐ	(*measure word*) meter	10
明天	（名）	míngtiān	tomorrow	2

名字	（名）	míngzi	name	3

N

拿	（动）	ná	to take	2
哪里	（代）	nǎli	where	3
男	（形）	nán	male	3
难	（形）	nán	difficult	8
南	（名）	nán	south	10
南边	（名）	nánbian	on or to the south	10
能	（能动）	néng	can; to be able to	12
年	（名）	nián	year	4
年份	（名）	niánfèn	year	7
牛	（名）	niú	cattle	5
农村	（名）	nóngcūn	countryside	14
努力	（形）	nǔlì	hard-working	8
女	（形）	nǚ	female	3

O

噢	（叹）	ō	oh	3

P

爬山		pá shān	mountain climbing	9
牌	（名）	pái	brand	2
排球	（名）	páiqiú	volleyball	9
牌价	（名）	páijià	list price	4
跑	（动）	pǎo	to run	9
跑步		pǎo bù	running	9
片	（名、量）	piàn	film; *measure word*	6
便宜	（形）	piányi	cheap	6
漂亮	（形）	piàoliang	beautiful	3
聘	（动）	pìn	to employ	2
乒乓球	（名）	pīngpāngqiú	table tennis	9
苹果	（名）	píngguǒ	apple	5

Q

奇怪	（形）	qíguài	strange	3

乞丐	（名）	qǐgài	beggar	4
汽车站	（名）	qìchēzhàn	bus stop	3
气温	（名）	qìwēn	temperature	11
千	（数）	qiān	thousand	4
前	（名）	qián	front	10
前边	（名）	qiánbian	in front of	10
前年	（名）	qiánnián	the year before last	4
欠	（动）	qiàn	to owe	9
欠款	（名）	qiànkuǎn	debt	9
切	（动）	qiē	to cut	13
青菜	（名）	qīngcài	green vegetables	5
清楚	（形）	qīngchu	clear	9
晴	（形）	qíng	fine	11
情况	（名）	qíngkuàng	situation	14
晴天	（名）	qíngtiān	fine day	11
秋	（名）	qiū	autumn	11
秋天	（名）	qiūtiān	autumn	11
球	（名）	qiú	ball	9
去年	（名）	qùnián	last year	4

R

让	（动）	ràng	to let	7
热	（形）	rè	hot	11
人民币	（名）	rénmínbì	Renminbi	4
认识	（动）	rènshi	to know	3
仍然	（副）	réngrán	still	9
日	（名）	rì	day	7
容易	（形）	róngyi	easy	8
肉	（名）	ròu	meat	5
入场		rù chǎng	to enter（the field）	15

S

伞	（名）	sǎn	umbrella	14
散步		sàn bù	take a walk	13
色	（名）	sè	colour	5

山	（名）	shān	mountain	9
伤心		shāng xīn	to be heart-broken	14
商店	（名）	shāngdiàn	shop	2
上	（动）	shàng	to go to	7
上	（名）	shàng	top	3
上班		shàng bān	to start work	2
上边	（名）	shàngbian	above	10
上课		shàng kè	attend class	12
上午	（名）	shàngwǔ	morning	6
烧	（动）	shāo	to run a fever	14
少	（形）	shǎo	few, little	3
生	（动）	shēng	to be born	7
生活	（名、动）	shēnghuó	life; to live	10
生日	（名）	shēngri	birthday	7
省	（动）	shěng	to save	6
失望	（形）	shīwàng	disappointed	12
时间	（名）	shíjiān	time	6
事	（名）	shì	business, thing	6
手表	（名）	shǒubiǎo	wristwatch	6
书	（名）	shū	book	8
输	（动）	shū	to lose	15
束	（量）	shù	(measure word) bouquet	14
双胞胎	（名）	shuāngbāotāi	twins	7
水	（名）	shuǐ	water	10
水平	（名）	shuǐpíng	level	15
说	（动）	shuō	to say	1
司机	（名）	sījī	driver	3
送	（动）	sòng	to give	13
酸	（形）	suān	sour	5
岁	（名）	suì	age	7
所以	（连）	suǒyǐ	so	5

T

太	（副）	tài	too	1
套	（量）	tào	(measure word) set	10

特别	（形）	tèbié	especial	9
提升	（动）	tíshēng	to promote	11
体操	（名）	tǐcāo	gymnasium	9
体温	（名）	tǐwēn	body temperature	14
体温计	（名）	tǐwēnjì	thermometer	14
体育	（名）	tǐyù	sports	9
体育场	（名）	tǐyùchǎng	stadium	15
天	（名）	tiān	day	3
天气	（名）	tiānqì	weather	11
甜	（形）	tián	sweet	5
填	（动）	tián	to fill	4
条	（量）	tiáo	*measure word*	13
跳舞		tiào wǔ	to dance	8
听	（动）	tīng	to hear	12
停	（动）	tíng	to stop	3
同	（形）	tóng	same	9
同学	（名）	tóngxué	schoolmate	7
头	（名）	tóu	head	14
突然	（形）	tūrán	suddenly	15
图书馆	（名）	túshūguǎn	library	8
土豆	（名）	tǔdòu	potato	11

W

外	（名）	wài	out	11
外边	（名）	wàibian	outside	11
外语	（名）	wàiyǔ	foreign language	8
玩	（动）	wán	to play	15
晚	（形）	wǎn	late	12
晚会	（名）	wǎnhuì	evening party	13
万	（数）	wàn	ten thousand	4
网球	（名）	wǎngqiú	tennis	9
忘	（动）	wàng	to forget	15
为了	（介）	wèile	for	6
为什么		wèi shénme	why	3
问题	（名）	wèntí	question	4

武术	（名）	wǔshù	martial arts	9

X

西	（名）	xī	west	10
西边	（名）	xībian	on or to the west	10
西红柿	（名）	xīhóngshì	tomato	11
洗	（动）	xǐ	to wash	13
下	（形）	xià	next	8
下	（名）	xià	down	10
下	（动）	xià	to get off	2
夏	（名）	xià	summer	11
下边	（名）	xiàbian	below	10
夏天	（名）	xiàtiān	summer	11
下雪		xià xuě	to snow	11
下雨		xià yǔ	to rain	11
先	（副）	xiān	first	4
咸	（形）	xián	salty	5
现在	（名）	xiànzài	now	6
相貌	（名）	xiàngmào	appearance	7
想	（动）	xiǎng	to think	3
向	（介、动）	xiàng	towards	10
项链	（名）	xiàngliàn	necklace	2
小	（形）	xiǎo	small, little	2
小孩	（名）	xiǎohái	child	15
小姐	（名）	xiǎojie	miss	1
小时	（名）	xiǎoshí	hour	6
笑	（动）	xiào	to laugh	12
些	（量）	xiē	(*measure word*) some	10
写	（动）	xiě	to write	4
新娘	（名）	xīnniáng	bride	7
信	（名）	xìn	letter	14
星期	（名）	xīngqī	week	7
行	（形）	xíng	all right	4
幸福	（形）	xìngfú	happy	13
学生	（名）	xuésheng	student	1

学校	（名）	xuéxiào	school	1
雪	（名）	xuě	snow	11

Y

鸭	（名）	yā	duck	5
颜色	（名）	yánsè	colour	5
演	（动）	yǎn	to perform	6
养活	（动）	yǎnghuo	to raise	4
钥匙	（名）	yàoshi	key	2
衣服	（名）	yīfu	clothes	7
一定	（副）	yídìng	surely	7
一共	（副）	yígòng	together	11
一会儿	（名）	yíhuìr	a while	6
一下儿		yíxiàr	*a phrase indicating a short duration of an action，etc .*	1
一样	（形）	yíyàng	same	7
以后	（名）	yǐhòu	after	7
一边…一边…		yìbiān…yìbiān…	while...while...	8
意思	（名）	yìsi	meaning	9
一直	（副）	yìzhí	always	8
因为	（连）	yīnwei	because	13
阴	（形）	yīn	overcast	11
阴天	（名）	yīntiān	cloudy day	11
应该	（能动）	yīnggāi	should	12
英语	（名）	Yīngyǔ	English	8
赢	（动）	yíng	to win	15
营业员	（名）	yíngyèyuán	shop assistant	2
应聘	（动）	yìngpìn	to accept an offer or invitation	2
用	（动）	yòng	to use	4
又	（副）	yòu	again	6
右	（名）	yòu	right	10
右边	（名）	yòubian	on the right	10
鱼	（名）	yú	fish	6
雨	（名）	yǔ	rain	11
语法	（名）	yǔfǎ	grammar	8

雨伞	（名）	yǔsǎn	umbrella		14
预报	（动、名）	yùbào	to forecast；forecast		11
元	（量）	yuán	yuan, *a basic Chinese monetary unit*		4
远	（形）	yuǎn	far		10
愿意	（能动）	yuànyì	to be willing		12
月	（名）	yuè	month		7
运动员	（名）	yùndòngyuán	player		15

Z

再	（副）	zài	again		5
在	（副）	zài	at		11
早	（形）	zǎo	early		12
早上	（名）	zǎoshang	morning		3
怎么样	（代）	zěnmeyàng	how		8
站	（名、动）	zhàn	stop；to stand		3
站台	（名）	zhàntái	platform		15
张	（量）	zhāng	(*measure word*) sheet		4
招聘	（动）	zhāopìn	to invite applications for a job		2
找	（动）	zhǎo	to look for		2
照相		zhào xiàng	to photograph		13
照相机	（名）	zhàoxiàngjī	camera		13
这么	（代）	zhème	so		9
这样	（代）	zhèyàng	this		4
真	（副）	zhēn	really		5
正	（副）	zhèng	just		11
正在	（副）	zhèngzài	now		11
只	（量）	zhǐ	*measure word*		5
知道	（动）	zhīdào	to know		1
只	（副）	zhǐ	only		4
中	（名）	zhōng	middle		10
中学	（名）	zhōngxué	middle school		7
终于	（副）	zhōngyú	at last		12
祝	（动）	zhù	to congratulate		13
住院		zhù yuàn	to be in hospital		14

准备	(动)	zhǔnbèi	to prepare	12
自己	(代)	zìjǐ	oneself	2
字条	(名)	zìtiáo	note	9
走	(动)	zǒu	to go	1
租	(动)	zū	to rent	10
足球	(名)	zúqiú	football	15
最	(副)	zuì	most	11
最近	(名)	zuìjìn	recently	12
左	(名)	zuǒ	left	10
左边	(名)	zuǒbian	on the left	10
座位	(名)	zuòwèi	seat	15

专 名 Proper Nouns

北京	Běijīng	Beijing *capital of China*	2
北京语言大学	Běijīng Yǔyán Dàxué	Beijing Language and Culture University	1
建国门	Jiànguómén	*a street in Beijing*	2
加拿大	Jiānádà	Canada	1
刘	Liú	*a surname*	2
美国	Měiguó	U.S.A.	1
上海	Shànghǎi	Shanghai, *a city in China*	3
王府井	Wángfǔjǐng	*a street in Beijing*	2
西太后	Xītàihòu	Empress Dowager Cixi	2
西直门	Xīzhímén	*a place in Beijing*	2
香山	Xiāng Shān	the Fragrant Hills	9
小丽	Xiǎolì	Little Li	14
杨	Yáng	*a surname*	10
约翰	Yuēhàn	John	1
张	Zhāng	*a surname*	1
张冬梅	Zhāng Dōngméi	*a person's name*	7
赵	Zhào	*a surname*	7
中国银行	Zhōngguó Yínháng	Bank of China	4

补充词　Supplementary Words

德语	Déyǔ	German	8
法郎	fǎláng	French franc	4
法语	Fǎyǔ	French	8
欧元	ōuyuán	Eurodollar	4
日语	Rìyǔ	Japanese	8
日元	rìyuán	Japanese yen	4
英镑	yīngbàng	pound sterling	4